自然科学通识系列
General Science

杂学奇闻录
越读越有趣的对比杂学

[日] 小谷太郎 著
顾欣荣 译

本书用图解的方式，通过从日常生活中近在咫尺的现象到遥远宇宙中让人惊异的现象等诸多事物之间，用统一的"标尺"进行的对比，让你对科学有更直观的感受。当你对这个世界有了全新的理解时，你也能体会到科学的奇妙。

Original Japanese title: ZUKAI MIREBA MIRUHODO OMOSHIROI
"KURABERU" ZATSUGAKU
Copyright © 2018 Taro Kotani
Original Japanese edition published by Mikasa-Shobo Publishers Co., Ltd.
Simplified Chinese translation rights arranged with Mikasa-Shobo Publishers Co., Ltd.
through The English Agency (Japan) Ltd. and Shanghai To-Asia Culture Co., Ltd.

北京市版权局著作权合同登记　图字：01-2019-5830号。

图书在版编目（CIP）数据

杂学奇闻录：越读越有趣的对比杂学/（日）小谷太郎著；顾欣荣译.
— 北京：机械工业出版社，2020.5（2022.2）重印
（自然科学通识系列）
ISBN 978-7-111-65256-4

Ⅰ.①杂…　Ⅱ.①小…　②顾…　Ⅲ.①科学知识–普及读物　Ⅳ.①Z228

中国版本图书馆CIP数据核字（2020）第052456号

机械工业出版社（北京市百万庄大街22号　邮政编码100037）
策划编辑：黄丽梅　　责任编辑：黄丽梅　韩沭言
责任校对：高亚苗　　责任印制：孙　炜
北京联兴盛业印刷股份有限公司印刷

2022年2月第1版第3次印刷
130mm×184mm·6.875印张·3插页·109千字
标准书号：ISBN 978-7-111-65256-4
定价：49.00元

电话服务	网络服务
客服电话：010-88361066	机 工 官 网：www.cmpbook.com
010-88379833	机 工 官 博：weibo.com/cmp1952
010-68326294	金　书　网：www.golden-book.com
封底无防伪标均为盗版	机工教育服务网：www.cmpedu.com

前 言

用统一的"标尺"来对比，能看到一个令人惊奇的世界

本书用图解的方式，对从日常生活到宇宙中的诸多事物进行了对比，让你对科学有更直观的感受。

书中以有别于其他同类书籍的视角，从广阔无垠的科学海洋中，搜集整理了乍看之下毫无关系的主题，把"加速度""生长速度""能量""压强"等科学概念分别作为"标尺"，再用同一把"标尺"将这些主题进行对比。

对比一词，有测量比较的意思。

通过图解来进行对比，可以让人对观测对象产生更直观的理解。

对比是很基本的方法。

比如书中我们会说到被用作寿司食材的虾蛄。这种生物属甲壳动物亚门，它的前肢反复"出拳"时所产生的加速度能达到在美国职业棒球大联盟发展的大谷翔平投球时产生的加速度的40倍以上。人类作为生物其实非常平凡，因为拥有超越我们人类身体素质的物种要多少有多少。

又比如，我们都知道世界最高峰是喜马拉雅山脉的珠穆朗玛峰。但如果不比高度，而是比长高速度的话，喜马拉雅山脉就不是世界第一。要知道山也是会长高的，而且富士山就曾经有过以超过喜马拉雅山脉10倍以上的速度长高的时期。

再比如，书中还会聊到为我们日常生活提供便利的家用电器，如果用人力发电来使它们运转的话，需要多少人力呢？通过对比和计算，我们就可以知道，即使只是用微波炉加热一份盒饭，也必须得有六个人汗流浃背地参与人力发电才行。

目前为止，在市面上本人尚未发现与本书形式类似的图书，像这样把人、生物、自然现象，甚至遥远宇宙中的黑洞放在一起对比，一定会让你为它们所展现出来的新秩序而感到惊奇。

我觉得这种惊奇，既包括我们对世界有了全新理解时的惊奇，也包括科学本身所带来的惊奇。

让我们一起以一个全新的视角，去看看这个令人惊奇的世界。

小谷太郎

目录

前言 用统一的"标尺"来对比,能看到一个令人惊奇的世界

第1章 不可思议的宝库!【生物·人体】比比看

01 猫的神经传导速度,可以轻易赶超高铁! 【生物和速度】12

02 虾蛄"出拳"的加速度,是大谷翔平投球加速度的40倍以上?!

【加速度】16

03 居然有1天之内长高91厘米的植物?! 【生长速度】20

04 乌龟186岁、贝壳507岁……,哪个是最长寿的生物? 【寿命】24

05 大象、马、老鼠……,哪个最消耗氧气? 【耗氧量】28

06 人类、马、仓鼠……,哪个孕期最长? 【卵和胎儿的生长期】32

07 尼人的大脑,比我们的大! 【大脑的尺寸】36

08 什么动物能在1分钟内拍打12000次翅膀? 【动物所"演奏"的节拍】40

09 人类可以听到的声音频率范围有多大? 【声音的频率】44

10 什么毒素只需非常小的1粒就能致人于死地?! 【毒素的致死量】48

11 阿米巴原虫、百合、人类……,谁的DNA最长? 【DNA的长度】52

12 在细胞层面上,人和草履虫居然是亲戚?! 【细胞的大小】56

第2章 尽是谜团！【地球·自然】比比看

13 人最深可以潜到水下多少米？ 【水深与水压】62

14 富士山的长高速度比喜马拉雅山脉快10倍？！ 【地势的长高速度】66

15 比地球半径还长的河和步行10分钟就能走完的河 【河流的长度】70

16 地震、台风、太阳光……，哪个能量最高？ 【灾害的能量】74

17 电鳗和摩擦起电，哪个电压更高？ 【电压】78

18 最高气温56.7℃和最低气温−89.2℃的地区 【气温】82

19 浮在水上的金属、沉入水里的木材，这是怎么回事？ 【密度】86

20 如果把世界上最高的山浸到世界上最深的海里去…… 【山的海拔高度】90

21 地球上的海、陆、冰各占多少比例？ 【水和冰在地表所占面积的比例】94

第3章 真是厉害！【家电·机械】比比看

22 用什么燃料只需1克就能煮沸4吨水？ 【燃料产生的能量】100

23 1节5号电池可以将人体加速到时速86千米！ 【电池的能量】104

24 发动机、扬声器、核磁共振成像……，磁铁的巨大力量 【磁通量密度（特斯拉）】108

25 仅仅0.2安培的电流，就有触电致死的危险？！ 【电流】112

26 有能以时速约1228千米奔驰的汽车吗？ 【交通工具的速度】116

27 在极短的距离中比较，人的速度比飞机和汽车快？ 【交通工具的加速度】120

28 世界上最快的计算机 1 秒能进行 20 亿亿次的运算!	【运算速度】	124
29 用发束居然可以吊起重达 1 吨的物体?!	【纤维的抗拉强度】	128
30 世界上最大机器的周长竟然有约 27 千米!	【人造物体的大小】	132
31 比人造卫星还快的磁轨炮炮弹的速度是多少?	【飞行物的速度】	136
32 用人力加热盒饭的话,需要多少劳力?	【耗电量和功率】	140

第4章 原来如此!有意思!【宇宙·天体】比比看

33 太阳的半径大约是地球的 109 倍!	【太阳系内·天体的大小】	146
34 直径 300 万光年的银河系有多大?	【太阳系外·天体的大小】	150
35 如果人站在太阳表面上,会被挤压成一个平面?!	【天体表面的引力加速度】	154
36 在黑洞里,自由落体的时间会停止?	【天体表面的引力加速度】	158
37 月球绕地球旋转的速度、地球绕太阳旋转的速度	【天体的轨道速度】	162
38 绕太阳一周需要 12300 年的小行星	【公转周期】	166
39 如果把所有的海水汇集起来,可以变成一个直径 1400 千米的海球?!	【海水的体积】	170
40 宇宙中的最高温度产生于宇宙诞生时的大爆炸!	【宇宙的高温纪录】	174
41 宇宙空间中的温度竟然有 −270℃?!	【宇宙的低温纪录】	178

第5章 不看不知道!【微观世界】比比看

42 这个世界上最小的物质是什么? 【分子·原子·基本粒子的尺寸】184

43 水蒸发了之后体积会增加 1000 倍! 【原子的密度】188

44 半衰期 20 秒的原子核、半衰期 45 亿年的原子核 【半衰期】192

45 我们的世界是由 118 个元素组合起来的 【已发现的元素数量】196

46 从质量上来对比,人体内 80% 是氧和碳?! 【元素的存在比例·人体】200

47 宇宙中占 98% 的元素是氢和氦! 【元素的存在比例·宇宙空间】204

48 地球是由生锈的金属构成的! 【元素的存在比例·地球】208

49 电子、光子、中微子……,来看下微观世界 【基本粒子的质量】212

50 宇宙中究竟有多少个基本粒子? 【基本粒子的数量】216

图片来源 220

第1章,我们来对比一下生物不可思议的能力以及精巧的生理构造,并通过图片展示出来,比如虾蛄反复"出拳"的加速度,红喉北蜂鸟振翅的速度,竹子的生长速度等。看了这些生物出人意料的技能后,你一定会为生物居然还有这样的能力而惊叹不已。

当然,人类也包括在这些让人兴趣盎然的生物中。但当人类与其他生物放在一起来对比时,却表现得非常平凡。

不可思议的宝库！
【生物·人体】比比看

01 比比看 猫的神经传导速度,可以轻易赶超高铁!

【生物和速度】

说到生物的速度,我们一般将地上飞奔的猎豹和天上翱翔的隼进行对比,但在这里,让我们换个角度,来看看生物体内的活动,是以怎样的速度来进行的。

神经系统的作用是控制肌肉并将信号传递给大脑。信号通过神经纤维时的传导速度,因物种和神经纤维的种类不同而有差异。

比如猫的运动神经纤维以100米/秒的速度传导信号,相当于1小时跑360千米,超过了中国高铁目前最高的运行速度。难怪猫凭着这样的运动神经可以抓到老鼠。

此外,蟑螂是跑起来快得惊人的昆虫,但美洲蟑螂的神经传导速度却只有大约10米/秒,相当于时速约36千米,远不如猫的神经传导速度。由此看来,似乎神经传导速度并不是决定运动速度的唯一因素。

漂浮在波浪中的水母，它的神经传导速度只有0.5米/秒，时速1.8千米。但对于过着悠闲生活的水母来说，这样的速度也许足够了吧。

我们的身体中也有快得让人吃惊的运动。

虽然人跑步的最快速度约为10米/秒，即时速36千米，比猫全力奔跑要慢，但是如果我们只看身体内部某一部分的话，它运动的速度就可以远超我们跑步的速度。

比如，在我们打喷嚏的时候，空气从喉咙里高速喷射而出，这个速度约为45.3米/秒，即时速163千米。人虽然不能以这个速度跑步，但能以这个速度把空气喷射出去。

另外，在我们的印象中，眨眼睛时眼皮的运动速度似乎也相当快。让我们来看看究竟是不是这样。眨眼时，眼皮在大约0.1秒内下落1厘米的距离，紧接着又立刻抬起。那么这个速度就是20厘米/秒，相当于时速是0.7千米。所以，眼皮的运动速度并没有多快，如果眼皮会走路的话，它的速度很容易被赶超。

【生物和速度】

打喷嚏时空气的喷射速度比车快!

人(跑步最快速度)
约 10 米 / 秒 = 约 36 千米 / 小时

蟑螂(神经传导速度)
约 10 米 / 秒 = 约 36 千米 / 小时

打喷嚏　约 45.3 米 / 秒 = 约 163 千米 / 小时

高铁　约 97 米 / 秒 = 约 350 千米 / 小时

猫(神经传导速度)　约 100 米 / 秒 = 约 360 千米 / 小时

肌球蛋白

肌肉的伸展收缩是蛋白质分子的运动所造成的，肌肉组织里含有无数叫作肌球蛋白的蛋白质分子。肌球蛋白接收到来自神经系统的信号后发生反应，从而引起肌肉的伸展收缩。由于肌球蛋白的运动速度比肌肉本身的运动速度要慢，所以，猫的四肢运动以及打喷嚏时喉部的肌肉运动是怎样达到如此高速的呢？这让人百思不得其解。

啊嚏！

可是，本喵不是用这个速度跑步的呀！

不可思议的宝库！【生物·人体】比比看

虾蛄"出拳"的加速度,是大谷翔平投球加速度的 40 倍以上?!

【加速度】

对比完了速度,让我们接着来对比加速度。

加速度是指单位时间内,速度的增减程度。加速度大,表示在短时间内,速度大幅增加(或者减少)。

有些运动员在速度上比不过冠军选手,但在加速度上,却能赢过冠军选手。

比如在棒球比赛中,大谷翔平可以以时速 165 千米以上,也就是 46 米/秒以上的速度把球投出去。如果根据投手举球过顶之后到投球出手,需要大约 0.1 秒的时间来计算,那么加速度就是大约 460 米/秒^2。

可见投手投出"豪速球"时,球竟被赋予了如此大的加速度。

在自然界里,拥有远超大谷翔平投球的加速度纪录的生物,大有"人"在。

比如说虾蛄，一种常被用作寿司食材的甲壳动物亚门生物。

虾蛄会先用坚硬的前肢请贝类或螃蟹"吃拳"，将它们的外壳击碎后大快朵颐。它的"出拳"是如此有力，据说把鱼缸的玻璃都打碎过。

虾蛄"出拳"的加速度据估计可达到约 20000 米/秒^2。是大谷翔平投球的加速度的 40 倍以上。

另外，减速是与行进方向相反的加速运动。所以，运动中的物体突然停止的时候也会产生很大的加速度。

啄木鸟为了在树上挖洞，吃到里面的虫子，会用它们的喙非常激烈地戳击树干。而在每次戳到树干后，都会有个急停，据说这时的加速度可以达到约 10000 米/秒^2。

看到啄木鸟的脖子在承受了如此巨大的加速度后仍然可以平安无事，于是就有科学家受到这种现象的启发，研究是否能够应用到预防受伤的措施中去。

【加速度】
啄木鸟在树上挖洞时戳击的加速度是？

地球的重力加速度
9.8 米/秒² (1 g_0)

自由落体下降的加速度是这个哦。

以时速 165 千米/小时投球的时候。

大谷翔平投球的加速度
约 460 米/秒² (47 g_0)

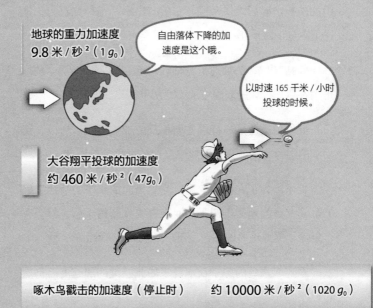

啄木鸟戳击的加速度（停止时）　　约 10000 米/秒² (1020 g_0)

虾蛄"出拳"的加速度　　约 20000 米/秒² (2040 g_0)

加速度的单位

在地球表面，自由落体下降的加速度为 9.8 米／秒²。我们把这称为重力加速度，记为 g_0。实际应用重力加速度 g_0 时，其他运动的加速度会用重力加速度的几倍来表示。

居然有1天之内长高91厘米的植物？！

【生长速度】

生长速度最快的植物据说是竹子。

有记录表明，某个种类的一根竹子曾经在一天内长高了91厘米，也就是时速3.8厘米。假设这根竹子以这个速度持续生长一年的话，高度就可以达到330米。当然，实际上并不会发生这样的事。

另一种生长速度较快的植物是海藻中的巨藻，它的生长速度虽然不及竹子，但也是以相当快的速度生长的。最高纪录是一天长了60厘米，即时速2.5厘米，理论上一年可以长220米。

一般来说，相较于植物，身体构造相对复杂的动物，就达不到这样的生长速度。因为（脊椎）动物要长高1米的话，需要骨骼、肌肉组织、神经组织以及内脏的共同生长才行。这是一个需要体力、营养和时间的过程。

不过，如果不说整个身体，只看身体某一部分的话，是有可能以高速生长的。

例如鹿的角。据相关报告，鹿的角在一天之内可以生长大约0.64厘米。即时速0.27毫米，一年能长2.3米。

鹿的角是和骨骼类似的组织，一年换一次。即使有些鹿拥有可以长出非常漂亮的角的基因，但它们的角仍是一年一换。所以，角的生长速度就变快了。

那么，我们人类长高的最快速度是多少呢？可靠的记录并不太多。历史上最高的人叫罗伯特·瓦德洛（1918—1940）。他5岁的时候身高就达到163厘米，成年后身高达到272厘米。虽然长得高并不意味着长高的速度就一定快，但让我们来试着估算下罗伯特先生的长高速度吧。

据说他刚出生时，和其他的婴儿没两样，那么我们就假定他出生时体长为50厘米，这样计算，他的长高速度就是一年长0.226米。这个速度虽然不能说是全人类普遍的长高速度，但可以说是成长相当快的一类人的长高速度。

【生长速度】
一年内能长高多少,我们来比比看

曾是世界上身高最高的人。不过可能并不是长高速度最快的人。

据说为了显示战斗力和吸引母鹿,鹿角一直是一年一换哦!

罗伯特·瓦德洛
0.062 厘米/天(估算)
0.23 米/年(估算)

鹿的角
0.64 厘米/天
2.3 米/年

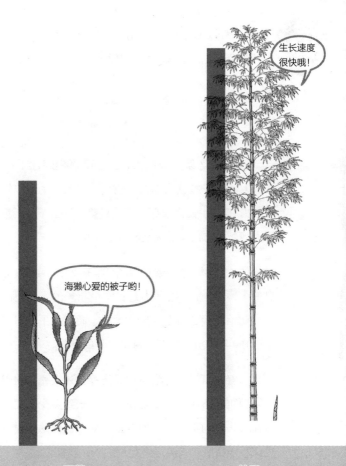

巨藻
60厘米/天
220米/年

竹子
91厘米/天
330米/年

不可思议的宝库！【生物·人体】比比看

04 比比看

乌龟186岁、贝壳507岁……，哪个是最长寿的生物？

【寿命】

詹妮·路易·卡门女士（1875年2月21日—1997年8月4日）被认为是法国历史上最长寿的人。她整整活了122年164天，亲身经历并目睹了俄国革命、第一次世界大战、第二次世界大战和苏联解体。

住在日本福冈县的田中加子女士（1903年1月2日—），117岁，被认为是日本最年长的人。她出生于日本的明治时代，接着经历了大正、昭和、平成时代，而且于2019年经历了第四次日本年号的更改。

随着如事故、传染病和受伤等会致人死亡的因素慢慢得以预防和解决，人的寿命可以延长到多少岁呢？研究如何让人长寿的科学实验如今正以史无前例的规模进行着。也许下一个刷新人类寿命纪录的人，就是你。

狗的最长寿纪录是由澳大利亚的牧羊犬布卢埃（1910年6月7日—1939年11月14日）所保持着的29年5个月。

布卢埃的纪录是80年前的了，近年来人们饲养的狗的健康状况正在急速提高，所以这个纪录被刷新恐怕只是时间问题。

象龟是以长寿著称的。阿尔达布拉象龟乔纳森（1832年—），如果纪录没错的话现在应该是188岁，它是人工饲养的动物里最长寿的了。

如今，乔纳森生活在圣赫勒拿岛，仍在持续更新着它的长寿纪录。

另外，大海里似乎存在着长寿得不可思议的生物。在2006年捕捞到的一只北极蛤，据推算，其年龄已经有507岁了。北极蛤类似于文蛤，属于双壳纲的食用贝类。

还有灯塔水母，这是一种体长只有几毫米的水母。这种水母的寿命有可能连北极蛤都无法企及。科学家们了解到当条件具备时，灯塔水母会返回到幼体形态，重新开始生长。也就是说这种生物不会老死，所以应该可以称它为长生不老的生物了。

【寿命】
人的寿命可以有多长？

第一次俄国革命 1905 年
第一次世界大战爆发 1914 年

1500 年？

狗的寿命正在延长，汪！

狗 布卢埃

1910 年

1903 年

法国最长寿纪录保持者。

詹妮·路易·卡门女士

1875 年

1832 年

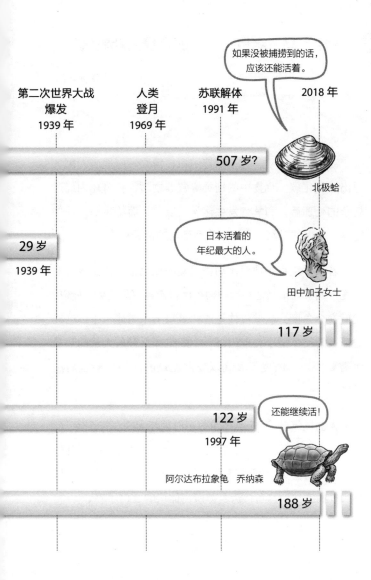

不可思议的宝库！【生物·人体】比比看

大象、马、老鼠……，哪个最消耗氧气？

【耗氧量】

动物为了运动、为了维持生命，需要不停地吸入氧气呼出二氧化碳。食物中的糖类等营养物质，在身体内经过复杂的处理后，和氧气发生化学反应，从而给生命体提供能量。体内的耗氧量显示了生命活动的活跃程度。

若只单纯直接地对比动物之间的耗氧量，体型庞大的印度象或者马跟其他小型动物相比肯定耗氧量更大。所以，我们换个角度，从单位体重的耗氧量上来对比一下。这样的话，即使体型小，但因每一个细胞都会释放大量的热量而需要熊熊"燃烧"氧气以提供能量的动物也会位居上游了。

人的耗氧量，每千克体重每小时消耗大约0.33升氧气。假如一个人的体重是50千克，1小时就需要消耗17升的氧气。因为这17升氧气是指纯氧，所以需要81升含有17升氧气的空气。这可接近身体所占体积的2倍了呢。

而体重 4 吨的印度象,每千克体重每小时耗氧量是 0.07 升,1 个杯子都装不满。

马的话,每千克体重每小时耗氧量是 0.145 升,比人的耗氧量都少。

事实上,确实存在体型越小、单位体重耗氧量越大的情况。体重 40 克的老鼠,每千克体重每小时耗氧量是 1.59 升。它需要消耗远比其身体所占体积大得多的氧气。

在进行剧烈运动的过程中需要消耗大量的氧。全力冲刺时的运动员,每千克体重每小时消耗大约 4 升的氧气。虽然连续 1 个小时的全力冲刺是不可能的。

另一方面,奔跑的马,每千克体重每小时耗氧量是 9.6 升。它的肌肉在平静时,耗氧量比同样状态下人的肌肉要少,但在奔跑时要比人多。可见马天生拥有非常适合奔跑的身体。

【耗氧量】

最节能的动物是哪个?

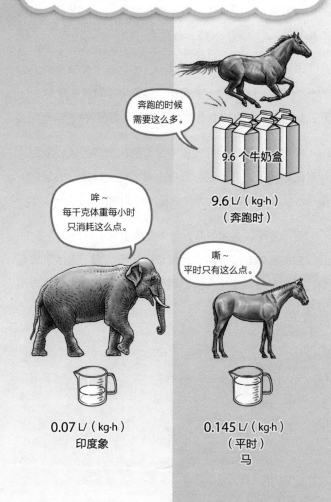

L/(kg·h)是指每千克体重每小时的耗氧量

4 L/(kg·h)
（全力冲刺时）

0.33 L/(kg·h)
（平时）
人

吱吱，耗氧量比身体体积大得多了！

1.59 L/(kg·h)
老鼠

人类、马、仓鼠……,哪个孕期最长?

【卵和胎儿的生长期】

如04篇介绍的,动物的寿命因动物种类不同而长短不一。既有转瞬即逝、短得无法测量的生命,也有长寿得出人意料的物种。所以,很难从中找出动物寿命长短的一般规律。

不过,动物在出生以前的这段时间,即从卵(细胞)成长到孵化或者出生的时间,是有一定规律可循的。概括起来说,个头越大的胎儿,所花的时间越长。想想也应该是这样吧。

人的孕期平均是267天。受精卵会进行细胞分裂,先分裂成2个,再变为4个,接着形成胎儿,然后再经过267天的成长发育,最后才出生。不过我们人类的婴儿是以相当未完全成熟的状态离开母体的,出生后自己躺着连翻身都不会,头盖骨顶部也没有闭合,出生近一年也不会走路。如果孩子可以在妈妈的身体里多成长一段时间后再被生下来,也许父母带孩子就会轻松点。

大型哺乳动物的孕期比人类的孕期要长。牛平均需要284天，马平均需要333天。不过，无论是牛还是马，都从它们被生下来那天开始，就会走路了。这是由它们的生存环境决定的，因为如果不是这样的话，在野外，刚出生的小牛或者小马就会成为食肉动物的牺牲品。

再看小型哺乳动物，比如仓鼠的孕期，只有16天那么短。鸟类里的鸡，从生蛋到孵化也只需要22天。

哺乳动物从受精到出生的孕期就是胎儿的生长期。而像鸟类这样（有坚硬蛋壳）的卵生动物，因为受精后要经过一段时间，待胚胎发育成长之后才开始产卵，所以从产卵到孵化所需要的时间同胚胎成长发育所需要的时间是不一样的。

两栖动物癞蛤蟆，从产卵到孵化成蝌蚪的整个过程需要4天14个小时。

卵越小的昆虫，孵化所需的时间越短。

蜜蜂从卵孵化出来只需要3天，不过它们从幼虫长到成虫需要18天。在这期间，工蜂会担起养育幼虫的责任。它们也需要无微不至地抚育孩子，这一点和我们人类很相似。不知道工蜂在照顾幼小的弟弟妹妹的时候，会不会也觉得如果弟弟妹妹再长大些才被生下来的话它们的工作就能轻松点了呢？

【卵和胎儿的生长期】

06 比比看 蜜蜂在3天内从卵孵化成幼虫

蜜蜂
从卵孵化成幼虫
3天

嗡嗡~

仓鼠
孕期
16天

哈呒?

鸡
从开始孵蛋到破壳而出
22天

叽!

人 孕期
平均 **267天**

马 孕期
平均 **333天**

蜜蜂的保育

蜜蜂是群体共同抚育幼虫的社会性昆虫。有意思的是，不管是哺乳动物类还是鸟类，都是由亲生父母来养育幼子，而蜜蜂却不同，它们是由没有繁殖能力的雌性工蜂来照顾幼虫的。这个现象可以通过蜜蜂的性别决定机制来解释。因为雌性蜜蜂是由染色体组是二倍体的受精卵发育而成的，而雄性蜜蜂是染色体组是单倍体的未受精卵发育而成的，所以由此导致雌性个体和它妹妹的基因有 75% 的相似度。而一般情况下，生物亲子间的血缘系数是 50%，可见蜜蜂的雌性个体同它妹妹的血缘系数显然比这高多了。所以，根据此现象就可以明白为什么在蜂群间，工蜂会进化出照顾幼虫的行为了。

07 尼人的大脑，比我们的大！

【大脑的尺寸】

让我们来对比一下哺乳动物大脑的尺寸。

首先，小尺寸大脑的代表是老鼠。老鼠大脑的质量是0.09克，以和水相同的密度来计算体积的话，就是0.09立方厘米。

凭着这么小的大脑去进行觅食、逃避天敌、交配等复杂活动，真是非常不容易啊！

大尺寸大脑的代表是抹香鲸。它的大脑质量是8千克，体积是8000立方厘米，是所有动物中最大的大脑。当然也比人类的大脑大多了。

鲸鱼通过唱歌来和同伴交流、玩耍、互相协助，并在这个过程中展示出了相当高的智力。抹香鲸的大脑尺寸约是人类的6倍，但这并不意味着它们的智力也是人类智力的6倍。

我们人类的大脑尺寸随年龄、性别不同而不同，并且个体之间都存在着差异。不过，有相关调查结果显示，我们人类大脑的平均体积是1353立方厘米。

虽然和抹香鲸相比，我们的大脑没有那么大，但我们人类依靠这样的大脑进行原始的狩猎，与侵略者进行斗争，同时也学会了耕种，形成了人类社会，进行创造性活动，通晓了物理法则，开发掌握了甚至可以改变地球环境的技术。

我们现存的人类的学名叫智人，是人属下的一种。人属下其实还有其他人种，比如尼安德特人（尼人）。

尼人已经灭绝，如今只有他们的化石。根据化石，他们的大脑体积是1427立方厘米，比我们智人的似乎要大。

虽然从大脑的尺寸无法了解智力的情况，但尼人可能是比我们智人更聪明的人类。可他们是怎样灭亡的呢？不禁让人浮想联翩。

【大脑的尺寸】

比我们的大脑既大又重的是谁?

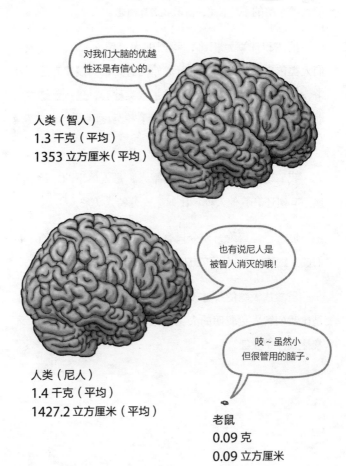

> 对我们大脑的优越性还是有信心的。

人类（智人）
1.3 千克（平均）
1353 立方厘米（平均）

> 也有说尼人是被智人消灭的哦!

人类（尼人）
1.4 千克（平均）
1427.2 立方厘米（平均）

> 吱~虽然小但很管用的脑子。

老鼠
0.09 克
0.09 立方厘米

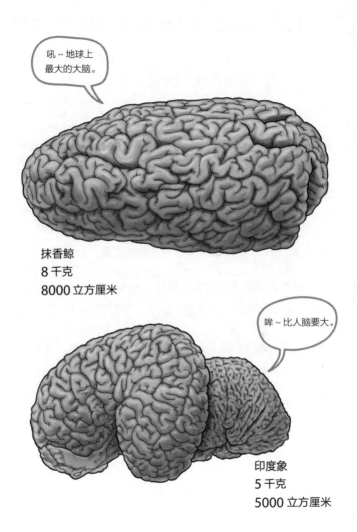

抹香鲸
8 千克
8000 立方厘米

印度象
5 千克
5000 立方厘米

08 什么动物能在1分钟内拍打12000次翅膀?

【动物所"演奏"的节拍】

节拍,既可以指心脏的跳动频率,也可以指乐曲演奏的速度。如果1分钟敲鼓60次,就记作60bpm。bpm是每分钟节拍数(beat per minute)的缩写。

60bpm,即1秒1次的节拍,用其他单位表示的话,就是1赫兹(Hz)。赫兹表示每秒重复的次数,量纲是s^{-1}。

虽然演奏的速度可以用赫兹来表示,但在音乐界并没有广泛使用这样的表示方法。

动物的脉搏有快有慢,各不相同。一般来说,越是大型的动物脉搏跳动越慢,越是小型的动物脉搏跳动越快。

让我们把熊作为大型动物的代表来看一下。熊平时的脉搏约是55次/分钟,即55bpm,约等于0.92赫兹。

熊在平时就很慢的脉搏，到了冬眠的时候会更慢。只有14bpm，即0.23赫兹，也就是4秒才跳动1次的缓慢节拍。

小型动物的代表，是体重只有3.1克左右的黑颏北蜂鸟。据说黑颏北蜂鸟飞行时的脉搏是1260bpm，即21赫兹。不由得让人替它担心仅仅1分钟内心脏就要跳动1200次是否能承受得了。

蜜蜂急速拍打翅膀，可以在空中悬停。有报告称蜜蜂的振翅频率是200赫兹，即12000bpm。这个振翅频率还不是最高值，某些特殊情况，蜜蜂的振翅频率几乎可以达到这个值的2倍。

它们振翅时发出的声音听起来是在钢琴琴键上，比中央C键低一个八度的"so"的音。

与翅膀对应，人类有手。通过练习，用手可以打出1秒20次的节拍。

高桥名人，红白机电玩达人，本名叫高桥利幸（1959—），曾做到1秒内16连击的按键速度，其频率达到16赫兹，即960bpm。

【动物所"演奏"的节拍】
人类代表高桥名人的1秒16连击

冬眠中熊的脉搏　14 bpm　0.23 赫兹

心跳的节拍

从冬眠中醒来后熊的脉搏　55 bpm　0.92 赫兹

心跳的节拍

高桥名人的1秒16连击　960 bpm
16 赫兹

蜜蜂
12000 bpm　200 赫兹

0 秒

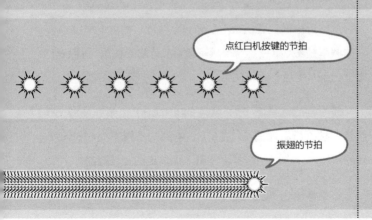

不可思议的宝库!【生物·人体】比比看

人类可以听到的声音频率范围有多大？

【声音的频率】

钢琴的琴键是由总共36个黑键和52个白键排列而成的（88键）。靠近最中间位置的la（A4）的声音频率是440赫兹。

声音的频率是表现音高的数值。声音是空气的振动，440赫兹的声音就是在1秒内把空气振动了440次。越高的音调频率越高，越低的音调频率越低。

从靠近中间位置的la向左降一个八度后的la（A3），它的频率是220赫兹。这个频率是440赫兹的1/2。所以音降了一个八度后，频率减半。

最左端的键是降了4个八度的la（A0），频率是27.5赫兹。按下最右端的do（C8），听到的是频率为4186赫兹的声音。以上就是钢琴（88键）能发出的音域范围。

如果是60分贝的声音，人耳能听见其中31~17600赫兹的范围。也就是在9个八度以上。不过也有个体差异和年龄差异。虽然钢琴最左端琴键发出的声音频率是低于这个范围的，但是钢琴发出的是比60分贝更大的声音，所以，琴键发出的声音，我们全部都能听见。

据相关报告，老鼠的听觉范围偏向于高音，在2300~85500赫兹之间。由于耳朵越小的动物听觉器官共鸣的频率越高，所以听觉范围就越广。

合唱团里，担任高音部的女高音可以发出300~1000赫兹的声音。而担任低音部的男低音发出的声音在90~300赫兹。

但无论女高音还是男低音的音域都低于老鼠的听觉范围，因此人类低声说话时，老鼠是听不见的。所以理论上我们轻声细语时，完全可以不用担心被老鼠偷听。

不过，因为人的声音里常常混杂着各种不同频率的声音，所以，在平时生活中，老鼠也还是可以听见人发出的声音的。

09 比比看

【声音的频率】

如果人低声说话，老鼠就听不见说话声了？

在声音强度60分贝时测量到的可听范围

可听范围是因个体差异和年龄差异而不同的哦！

人

31赫兹

10赫兹　　　　　100赫兹　　男高音　　1000赫

女高音
女低音
男中音
男低音

←A0
27.5赫兹　　钢琴　　←A4　440赫

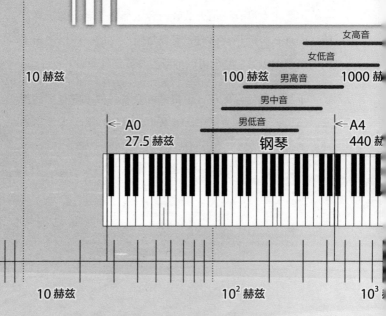

10赫兹　　　　10^2赫兹　　　　10^3

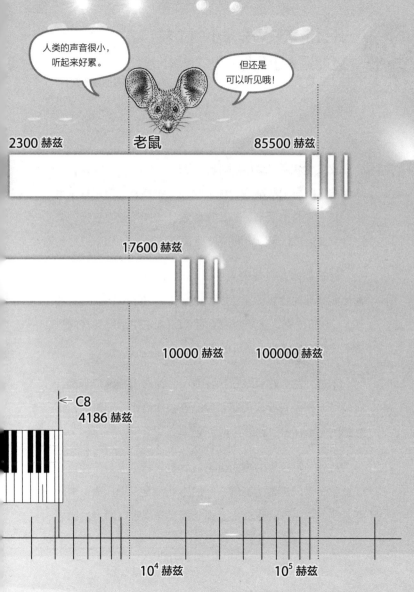

什么毒素只需非常小的1粒就能致人于死地？！

【毒素的致死量】

致人食物中毒的肉毒杆菌会分泌肉毒杆菌毒素，它是目前人类所知范围内毒性最强的生物毒素。肉毒杆菌会在火腿、香肠内繁殖，释放出毒素。人如果吃了这样的食物，会被肉毒杆菌毒素麻痹神经系统。

每千克体重只要摄入0.0003微克的肉毒杆菌毒素就有可能导致死亡。体重50千克的人，只要0.015微克就够了。0.015微克，就是一滴直径0.03毫米的水所拥有的质量，这几乎是肉眼看不见的量。

不过，因为在100℃下加热10分钟肉毒杆菌毒素就会被破坏，所以只要把火腿、香肠充分加热足够的时间，就能预防肉毒杆菌引起的食物中毒。

另外，河豚毒的真面目是河豚毒素，这也是一种对神经发生作用的毒素。不过，它的毒性没有肉毒杆菌毒素或者其他由微生物产生的毒素那么强。在规定时间内，能导致半数生物死亡的投毒量称为半数致死量。河豚毒素的半数致死量是每千克体重10微克，一个体重50千克的人，只需要0.5毫克就够了。如果换算成等质量的水的话，是12滴左右。

河豚毒素虽然是在河豚的内脏里，但河豚本身并不会产生这种毒素，而是由某种浮游生物产生的。而河豚只是吃下了混有这种浮游生物的食物，并把河豚毒素储存在了内脏中，所以通过人工喂养，可以培育出不含毒素的河豚。

VX神经毒气可造成中枢神经系统紊乱、呼吸停止，最终导致死亡。它的半数致死量是每千克体重15微克。体重50千克的人需要0.75毫克。如果换算成等质量的水的话，是19滴左右。

还有一种毒素叫氰化钾，俗称山奈钾，氰化钾的半数致死量是每千克体重10毫克，体重50千克的人，需要0.5克。这个半数致死量虽然也不多，但是跟其他只需几滴就能致死的毒素相比，多少有些相形见绌。氰化钾会在体内形成氰离子（氰根离子）。这种物质会抑制帮助细胞呼吸的氧原子的活性，从而使生物无法进行细胞内部的呼吸。所以，如果周围的空气中含有氰化钾就会令人窒息而死。

【毒素的致死量】

河豚毒素的致死量是多少?

肉毒杆菌毒素（肉毒杆菌）
0.0003 微克 / 千克（最小致死量）
体重 50 千克的话 需要 0.015 微克

河豚毒素（河豚毒）
10 微克 / 千克（半数致死量）
体重 50 千克的话需要 0.5 毫克

不是我河豚产生的毒素哦！

VX 神经毒气
15 微克 / 千克（半数致死量）
体重 50 千克的话需要 0.75 毫克

氰化钾
10 毫克 / 千克（半数致死量）
体重 50 千克的话需要 0.5 克

➡ 。 （只有这么点。）

➡ 〇〇〇〇〇 〇〇〇〇〇
〇〇
12 滴水的质量

➡ 〇〇〇〇〇 〇〇〇〇〇
〇〇〇〇〇 〇〇〇〇
19 滴水的质量

➡ 〇〇〇〇〇 〇〇〇〇〇
〇〇
12 滴水的质量的 1000 倍

阿米巴原虫、百合、人类……，谁的DNA最长？

【DNA的长度】

DNA是脱氧核糖核酸的英文缩写。这是种很长很长的带状分子。说起分子，多数分子小得在光学显微镜下都看不见，但由于DNA太长了，螺旋结构的DNA完全能用光学显微镜观察到。

在哪里可以观察到DNA呢？只有在细胞正在进行分裂时的细胞内部，DNA才能以染色体的形式被看见。

生物的细胞将遗传信息记录在DNA上，携带在细胞内部。而遗传信息就是包含生物的外形姿态、身体组织和各种细胞的职责以及在细胞中进行的化学反应等使该生物成为该生物的所有信息。细胞是以DNA为标准，根据它的指令运作的。

使该生物成为该生物的信息量究竟有多少呢？比如说一个人类个体，会有一套分别从父亲和母亲那里获得的遗传信息，这套遗传信息中的半数（1个染色体组），就包含32亿5400万字（碱基对）。以信息量的单位来表示，是813.5兆字节；以分子长度来表示，是1.106米。而1对染色体组，就是1.627兆字节、2.213米。

每个小得用眼睛都看不见的人体细胞里，都挤着2.213米长的DNA。不过，因为人的DNA并不是全部连在一起的，而是分成46条染色体，所以也就没有2.213米长了。

果蝇作为遗传学的研究对象一直被深入研究，是正宗的实验动物。果蝇的1个染色体组包含1亿1900万字，DNA大约4厘米长。果蝇根据这本1亿1900万字的指南，在空中盘旋、寻找水果、交配，并把这本指南传给它的后代。

身体结构简单的低等动物的DNA都短吗？百合和阿米巴原虫就有比人类长的DNA，所以，看来DNA的长度和动物的进化程度几乎没有关系。

【DNA 的长度】

DNA 的长度与进化程度没有关系?

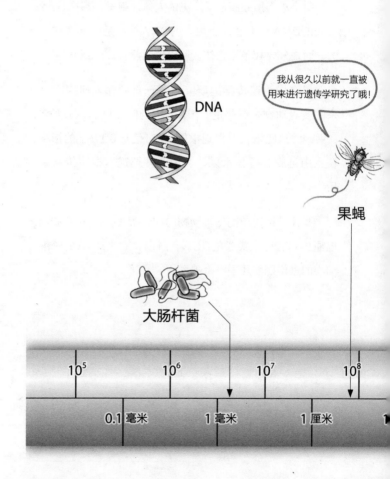

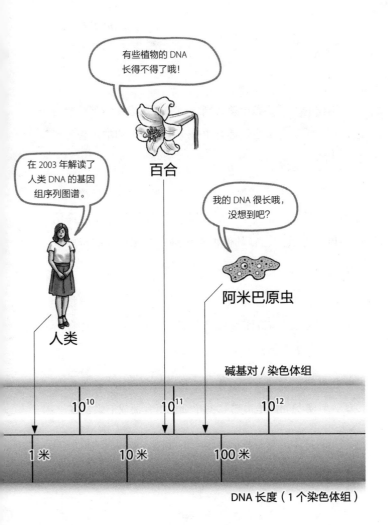

在细胞层面上，人和草履虫居然是亲戚？！

【细胞的大小】

生物的外形姿态千差万别，但如果在显微镜下观察的话，（几乎所有）生物都是由一个个叫作细胞的小袋子集合而成的。

如果从生物体上取出1个细胞，放到适宜的环境中，过不久细胞就会开始活动。因此，可以说细胞是生命的最小单位（虽然也有其他很难说是由细胞形成的奇妙生命）。

地球上原本只存在仅由1个细胞组成的单细胞生物。直到15亿年前，单细胞生物才开始聚集到一起共同生存，可以说这是多细胞生物出现的开始。

虽然我们都把自己看作一个独立的生命体，但换个角度说，其实我们都是由约40兆个细胞组合而成的集合体。

人的身体里有各种大小不一的细胞。比如组成肝脏的肝细胞，其直径约30微米（1微米是1/1000毫米）。而卵细胞的直径约140微米。构成肌肉的横纹肌细胞，呈细长圆柱状，长度在1~40毫米之间。

单细胞生物草履虫，长度约300微米，是在淡水中生活的一种生物。乍看之下，会让人以为人类和草履虫是完全不同的生物，但其实因为两者都属于真核生物，所以其实是亲戚。

用来发酵纳豆的枯草杆菌是细菌的一种。它的大小约为2.5微米。原核生物的细胞一般都比真核生物的细胞小。

还有一种叫作杉叶蕨藻的海藻，广泛分布在地中海海域，它也许是世界上最大的单细胞生物。虽然它的外表看上去和其他覆盖在海底的巨型藻类植物一样，但实际上它仅由1个细胞构成，是种拥有多个细胞核的、特殊的真核生物。

杉叶蕨藻的泛滥生长破坏了地中海生态系统，这是由于水族馆排放出了这种海藻的一个个体引起的。

【细胞的大小】
杉叶蕨藻是世界上最大的单细胞生物

可以做纳豆哦！

100℃也不会死哦！

枯草杆菌

100 微米

用肉眼勉强可以看见哦！

人类卵细胞

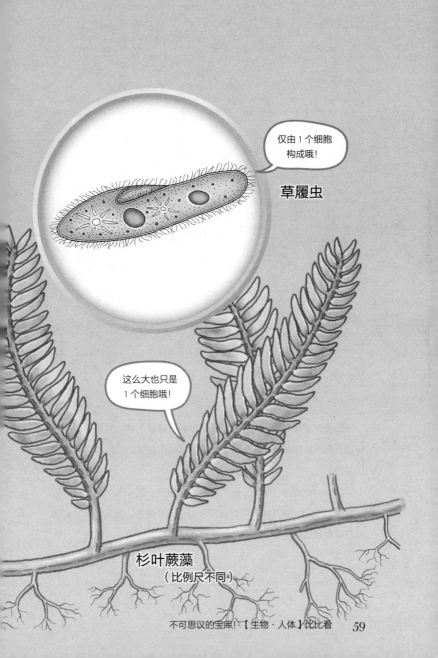

　　压强的单位帕斯卡、电压的单位伏特、能量的单位焦耳、温度的单位开尔文,这些度量单位最初都是为了掌握自然、理解世界而发明出来的。

　　让我们把深海、大河、台风以及雷电放在一起,用这些"标尺"来对比一下吧。由此我们就能看见高山长高的速度,瞥见台风为太阳光能量所驱动时的景象,窥见整个地球被冰冻的时代。

尽是谜团!
【地球·自然】比比看

人最深可以潜到水下多少米?

【水深与水压】

每当你潜到游泳池或者海里的时候,都会感觉到水压对身体的压迫。如果再下潜数米的话,连耳朵都会因为水压而感觉痛。

所谓压强,就是垂直作用在单位面积上的力。在水底,会受到来自上方的水的重力。这个力除以水底的面积,就能计算出水底所受的水压。

只是,潜在水中的身体受到的水压,并不只作用在身体上方。在像水这样会自由流动的流体,压力是从上下左右各个方向作用到全身的。虽然可能会有人觉得有点不太容易想象这种感觉,但这种现象对生活在水里的鱼来说早就习以为常了。

水深每增加10米,水压会增加约1个大气压,也就是约10万帕斯卡。1个大气压就是在海平面处物体所受到的大气压强。

人经过训练，可以潜水数十米深，能够承受好几个大气压的压强变化。不携带氧气瓶等水下供气装备的最深潜水纪录是俄罗斯的娜塔丽娅·穆尔查诺娃女士创下的237米。她竟然承受了大约24个大气压的压强变化。穆尔查诺娃女士于2014年创下这个世界纪录后，在2015年的一次潜水时下落不明。

日本最深的湖是秋田县的田泽湖，该湖水深423.4米，最深处约42个大气压。世界最深的湖是贝加尔湖，位于西伯利亚，水深1741米，约170个大气压。人类即使戴上潜水装备也无法潜到这两个湖的湖底。

而把大海当作家的鲸，可以潜到水下2500米。在这样的深度，约有250个大气压，大约2500万帕斯卡。如果鲸可以潜到贝加尔湖里去的话，也许就能探寻湖底的样子。

地球上最深的海是马里亚纳海沟的挑战者深渊，水深10920米，水压大约1000个大气压，达到约1亿帕斯卡。在这样的海底深渊里，适应了高压环境的奇妙生物创造了一个迥然不同的生态系统。

【水深与水压】
世界上最深的海是什么海?

人类潜水纪录
(娜塔丽娅·穆尔查诺娃女士)
水深：237 米
水深：约 24 个大气压
（约 2.4×10^6 帕斯卡）

西伯利亚的贝加尔湖
水深：1741 米
水深：约 170 个大气压
（约 1.7×10^7 帕斯卡）

不携带氧气瓶的世界纪录。

水压和大气压

水深每增加 10 米，水压就会增加约 1 个大气压。虽然是巧合，不过这个比例关系实在是刚刚好，非常容易记忆。如果把空气使劲压缩到和水一样的密度，就会变成一个厚度为 10.1325 米的气层，我们在这样的气层下受到的大气压强，和我们在深度为 10.1325 米的水层底部所受到的压强是相同的，也就是 1 个大气压。所以，在水下每下潜 10.1325 米，水压就会增大 1 个大气压。

鲸的潜水
水深：2500 米
水深：约 250 个大气压
　　　（约 2.5×10^7 帕斯卡）

世界上最深的地方。

马里亚纳海沟的挑战者深渊
水深：10920 米
水深：约 1000 个大气压
　　　（约 10^8 帕斯卡）

富士山的长高速度比喜马拉雅山脉快10倍?!

【地势的长高速度】

世间万物时刻都在进行着令人眼花缭乱的活动,这节让我们来对比一下动作慢得连眼睛都看不见的"伙伴们"吧。

在阴暗洞穴里的洞顶上,生长着石头形成的、像冰柱一样的物体,它叫作钟乳石。它的尖端不断有水啪嗒啪嗒地滴落,每次水滴下的时候,水中的碳酸钙会沉淀下来,使它一点一点地慢慢生长。

它们的生长速度随温度以及地下水的成分等因素而不同,不过可以估算出它们的生长速度大约为每年0.1~1毫米。大型钟乳石的形成往往要经过上万年的时间。

不过,钟乳石并不都是大自然的产物。如果在建成已有几十年的高速公路、桥梁和车站等建筑物的顶部或者边缘搜寻,也能看见有小石柱在生长。

这是混凝土中的碳酸钙因雨水冲刷而长成的，可以说它们属于人造钟乳石。这样的人造钟乳石的生长速度用建筑物年代来推算的话，是每年数毫米。

当然，生长缓慢的物体不止这些，另外还有山。

拥有海拔8844米、世界最高峰珠穆朗玛峰的喜马拉雅山脉，以每年5毫米的速度在长高。喜马拉雅山脉是地壳板块之间相互挤压而形成的板块褶皱。不知道它将来还会长到多少呢。

另外，日本的富士山海拔3776米，高度虽然无法和珠穆朗玛峰匹敌，但长高速度却超过每年5厘米，比喜马拉雅山脉的长高速度快10倍，这是因为富士山是由火山喷出物堆积形成的。只是富士山这样的"茁壮成长"已经至少是在15000年前的火山活动频繁时期了。

现在没有再以那样的速度长高了。

【地势的长高速度】
喜马拉雅山脉一年长高5毫米

板块构造论

地球内部流动着的熔岩叫作地幔。地幔表面覆盖着固体的岩石,就像牛奶表面的一层薄膜。随着地幔的流动,浮在上面的薄膜也会漂移,相互碰撞、摩擦,这个薄膜叫作板块。解释随着板块运动引起的大陆漂移和造山运动等现象的一种理论,就叫作板块构造论。

人造钟乳石的生长速度
每年数毫米

天然钟乳石的生长速度
每年0.1~1毫米

富士山的生长（活跃期）
每年5厘米

现在没有以这样的速度长高咯！

喜马拉雅山脉的长高速度
每年5毫米

比地球半径还长的河和步行10分钟就能走完的河

【河流的长度】

地球上最长的河流是尼罗河,全长6695千米,自南向北流经非洲大陆注入地中海。在尼罗河河岸,曾经繁荣着人类最古老的文明之一——古埃及文明。由于这条伟大的河是向北流淌的,所以,古埃及语中的下游一词也有北的意思。

流经南美大陆的亚马孙河,全长6440千米,是世界第二长河。这片流域生长着的热带雨林,其面积占据了全世界热带雨林总面积的一半。

中国的长江全长6380千米,长度位居世界第三。20世纪后半叶的研究发现,在这片流域曾经也有古代文明繁荣发展。

中国的古代文明,一度曾以黄河(5464千米、长度位居世界第七)流域的黄河文明最为著称,但在现代的研究中,黄河文明与长江文明等数个文明同时存在变成了主流观点(这观点也许还会有被颠覆的可能)。

世界第一到第三位的大河，都比地球平均半径6366千米更长，所以，如果把地球中心作为这些大河的源头，它们都可以从地球中心直达地表。

另外，日本最长的河流是信浓川，它是全长367千米的一级河川。当然，它和世界最长的河相比完全不在一个等级。因为日本是岛国，无法形成太长的河流。

不过，日本的河流长度虽然短，坡度却很大。信浓川（源流附近是千曲川）的源头在长野县川上村，标高2160米。平均坡度是标高除以水平面上河流的全长，所以得到信浓川的平均坡度为6/10000。

而尼罗河的源头在卢旺达，标高2700米。和川上村的标高相差不大。探寻尼罗河源头的尝试成了欧洲探险史上重要的一章。言归正传，得到尼罗河的平均坡度为4/10000。

在日本14060条（2016年）一级河川中，最短的是位于静冈县、属于狩野川水系的柿田川，只有1.2千米。1.2千米的话，我们步行10多分钟就能走完了。

印度尼西亚的坦波拉西河只有约20米长，被称为世界上最短的河。

【河流的长度】

世界上最短的河流是哪条?

柿田川
1.2 千米

日本最短的河哦!

信浓川
367 千米

据说印度尼西亚的坦波拉西河是世界上最短的河呢!
(20 米左右)

一级河流

日本的河流,根据《河川法》,分为一级、二级等。由国家指定管理的是一级河川,由都道府县指定管理的是二级河川,并非是根据自然科学分类。其中一级河川定为 14060 条,二级河川定为 7079 条(2016 年)。

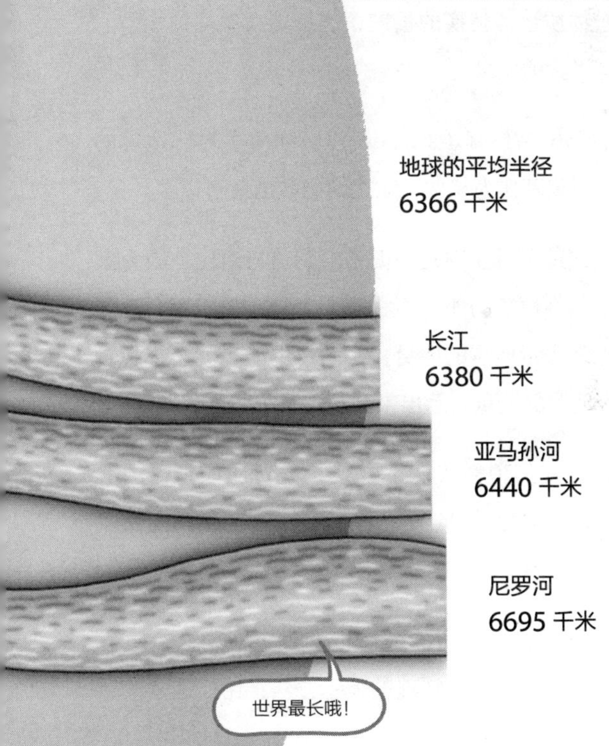

地球的平均半径
6366 千米

长江
6380 千米

亚马孙河
6440 千米

尼罗河
6695 千米

世界最长哦!

尽是谜团!【地球·自然】比比看

地震、台风、太阳光……，哪个能量最高？

【灾害的能量】

能量是物质运动转换的量度，表征物质做功的能力。地震就具有极大的能量。

能量的单位是焦耳（J）。所以，如果要对比地震的能量，可以用焦耳作为单位，对比两组数值就可以了。

但实际试过之后发现几乎很难顺利进行对比。因为大地震的能量和小地震的能量不在一个量级，如果用眼睛看得见的大小来表示地震的能量，小地震的能量就会小到看不见，而大地震的能量表示出来会超出一个页面的范围。

所以，让我们稍微改变下方式，来对比能量值的对数。用对数进行对比的话，10倍的能量和100倍的能量就能以等间距来罗列了。

用了对数，位数不同的数值也能表示在同一个页面上。当然，对数也有很多特殊的表示方法，比如经常使用震级来表示地震。

2011年，引发东日本大地震的东北部太平洋海域地震的能量，据估算有200亿亿焦耳，震级是M=9.0。

地震是因为地壳中的断层发生错动而引起的。断层的面积越大，引发的地震震级就越大。

但因为断层的面积不会大于地球的横断面面积，所以，这就决定了地震能量理论上的最大值。

地震震级的理论最大值是M_{max}=12.0。

台风是和地震同样让人恐惧的自然灾害。它的能量有4500亿亿焦耳，换算成震级的话，就是M=9.9。

台风的能量源是太阳光。太阳光把海水加热，随着水蒸气上升，就形成了台风。

照射到地球上的太阳光的能量是1天1.5×10^{22}焦耳，换算成震级的话，是M=11.6，这个数值已经非常接近地震震级的理论最大值。

【灾害的能量】

照射到地球上的太阳光能量超巨大！

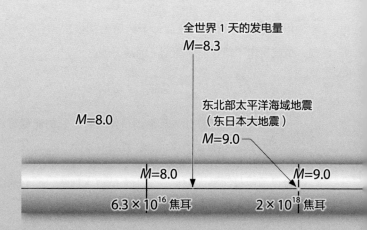

全世界 1 天的发电量
M=8.3

东北部太平洋海域地震
（东日本大地震）
M=9.0

M=8.0

M=8.0　　　　　M=9.0

6.3×10^{16} 焦耳　　2×10^{18} 焦耳

震级

地震震级的计算公式，是把地震的能量标记为 E，震级 $M = \left(\lg \dfrac{E}{63000 \text{J}} \right) \times \dfrac{1}{1.5}$（J 表示焦耳）来进行计算的。$E$=63000J 的地震震级是 M=0。震级上升 1 级，能量就上升 $10^{1.5}$ 倍 ≈32 倍；震级上升 2 级，能量就是 10^3 倍 =1000 倍。

理论上最大的地震
$M=12.0$

1天内照射到地球上的太阳光能量
$M=11.6$

台风
$M=9.9$

震级
$M=10$　　　$M=11$　　　$M=12.0$

6.3×10^{19}焦耳　　2×10^{21}焦耳　　6.3×10^{22}焦耳

能量

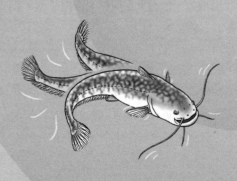

尽是谜团！【地球·自然】比比看　77

电鳗和摩擦起电,哪个电压更高?

【电压】

闪电在天空中划出之字形的轨迹,周围瞬间被照亮,随之隆隆的雷声响彻天际。雷电是发生在我们身边最常见的、雄伟华丽的天然放电现象。

让我来简单说明一下产生雷电的原理吧。

云这种空中飘浮的团状物,是由小水滴及冰晶混合而成的。

冰雹是云中比较大的冰晶,和小冰晶不断发生碰撞。因为这种碰撞,使冰雹和小冰晶之间发生摩擦起电。这就和用塑料垫板跟猫毛相互摩擦起电是同样的原理。摩擦起电使冰雹带上了负电,冰晶带上了正电。

冰雹和小冰晶受到的空气阻力不同,云随上升气流和风移动时,冰雹和小冰晶因空气阻力不同而分离,从而使云层中冰雹集聚的地方带负电,冰雹以外的地方就带正电。就像电池充电,云就这样储存了电能。由此在云的内部以及云和地面之间就会产生电位差（电压）。该电压可达数千万甚至1亿伏特。于是，原本是绝缘体的空气被强行通电，在云和地面之间、云层内部，发生放电现象，这就是雷电。

用塑料垫板跟猫毛摩擦时所产生的摩擦起电，也是小规模的放电现象。它的电压没有雷电那么高，但也不低，约1万伏特。

中国的家用电源的电压是220伏特，跟上述的电压相比真是太小了，得差了十万八千里呢。

另外，自然界里，也有如电鳗、电鲶、电鳐等利用电击来捕食保身的生物。电鳗所产生的电压可达800伏特。

一般来说，细胞在伴随着生命活动的同时会吸收排放离子，所以产生0.1伏特的电压并不稀奇。而放电生物是把无数能产生0.1伏特电压的放电细胞全部连接在一起，因此就能产生高电压。

【电压】

摩擦起电时的"噼啪",居然有 1 万伏特!

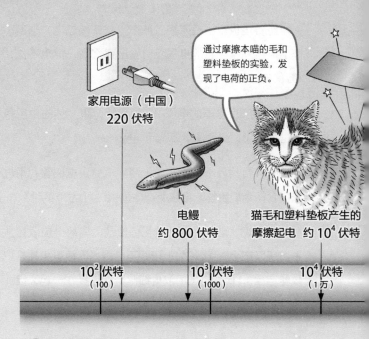

电压

电压是单位电荷在电场中移动产生的能量差,单位是 J/C(焦耳/库仑),即 V(伏特)。假设在地面和雷暴云之间有电流(闪电)通过,有 1C 的电荷发生移动,产生了 100 J 声光热,那么该片雷暴云和地面之间的电压就是 100 J/1 C=100 V。

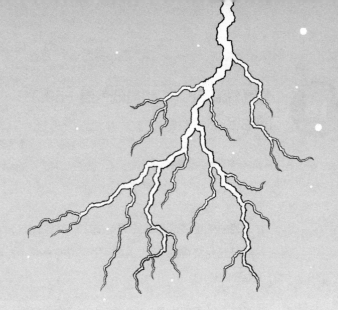

雷
$10^7 \sim 10^8$ 伏特

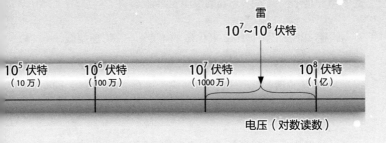

| 10^5 伏特 | 10^6 伏特 | 10^7 伏特 | 10^8 伏特 |
| (10万) | (100万) | (1000万) | (1亿) |

电压（对数读数）

18 最高气温 56.7℃和最低气温 −89.2℃的地区

【气温】

有记载的气温最高世界纪录是1913年7月10日,在美国加利福尼亚州测得的56.7℃。据估计可能是受了当时发生的沙尘暴的影响。

最低气温世界纪录是1983年7月21日在南极洲,由苏联的东方站记录的−89.2℃。这个时期的南极洲,因为临近冬至,是个没有太阳升起的黑暗世界。

说起−89.2℃,它比二氧化碳的熔点−78.5℃还要低,是非常可怕的低温。在如此低温的空气中,如果二氧化碳浓度很高的话,恐怕也会结晶成为固体二氧化碳,即干冰。

最高气温和最低气温的差值是145.9℃,可见地球表面的温差是如此大。

在日本,最高气温是2018年7月23日,在熊谷测得的41.1℃,最低气温是1902年1月25日在旭川测得的−41.0℃。

温度有负值是因为把水的凝固点，也就是结冰时的温度定义为了0℃。如果用二氧化碳的熔点（-78.5℃）替换水的凝固点定义为0℃的话，最高气温纪录和最低气温纪录就会变成135.2℃和-10.7℃了。

绝对温度或者说热力学温度，是为避免产生负值而定义的温度。绝对温度也可以有几种定义，不过作为国际单位，被最广泛使用的是开尔文（K），-273.15℃=0开尔文。根据这个定义，最高和最低温度纪录就变成329.85开尔文和183.95开尔文了。

空气有温度，也就意味着有内能。温度越高，空气的内能就越大。

所以，绝对温度是为了使温度和内能成比例而制定的。温度为100开尔文的空气就拥有1开尔文（等质量）的空气100倍的内能。

【气温】

地球的气温能上升多少呢?

绝对 0 度（物体的内能为 0 的温度）
0 开尔文 = −273.15 ℃

> 实际是不会达到这个温度的哦!

世界最低气温纪录
（南极东方站，1983 年 7 月 21 日）
183.95 开尔文 = −89.2 ℃

日本最低气温纪录（旭川，1902 年 1 月 25 日）
232.15 开尔文 = −41.0 ℃

日本最高气温纪录（熊谷，2018 年 7 月 23 日）
314.25 开尔文 = 41.1 ℃

世界最高气温纪录
（加利福尼亚州，1913 年 7 月 10 日）
329.85 开尔文 = 56.7 ℃

绝对温度

绝对温度是为了使温度与内能成比例而定义的,就是说如果物体的内能是 0 的话,绝对温度就是 0 开尔文。这温度也叫绝对 0 度,用摄氏度表示是 −273.15℃。随着物体不断释放内能,温度也不断接近 0 开尔文 =−273.15℃。内能是不会有负值的,所以,绝对温度也就不会出现负值了。

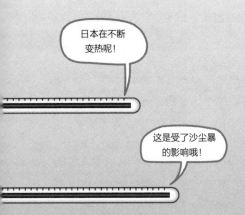

浮在水上的金属、沉入水里的木材，这是怎么回事？

【密度】

铁块拿在手里感觉沉甸甸的，因为铁的密度大，即使一小块也拥有比较大的质量。

而和铁相比，同样体积的木块让人感觉比较轻，这是由于木材的密度小，所以同样体积的木块并没有多少质量。

质量除以体积就是密度。密度是描述物体内部是挤得满满的还是松松垮垮的物理量。密度的国际单位是千克/立方米，也可以使用克/立方厘米，1千克/立方米即0.001克/立方厘米。

木材的密度因种类不同而不同，一般是在0.5~0.8克/立方厘米之间。但也有密度小的泡桐，密度为0.3克/立方厘米，也有密度很大的乌木，密度达到1.2克/立方厘米。

而水的密度是0.99997克/立方厘米（4℃，1个大气压下），大约是1.0克/立方厘米。这是19世纪末的法国，在制定质量单位千克的时候，定义了1升纯水在1个大气压下的质量是1千克的副产品。现在的新定义，已经不再使用它了。

因为水的密度是1.0克/立方厘米，所以，要判断物质的密度是比水大还是比水小，只要看它在水里是沉下去还是会漂浮就能知道了。木材一般都会浮在水面上，但也有例外，比如乌木，因为它的密度比水大，所以它会沉入水底。

纯铁的密度是7.874克/立方厘米，铁放到水里的话，会沉下去。

已知密度最大的（纯）金属是铂族金属成员之一的锇，密度达到22.59克/立方厘米。

不过，也有因为量太少而还没有测定密度的金属，所以，并不能断言锇的密度是所有金属中最大的。

【密度】

明明是木材,乌木却能沉入水里?!

泡桐
密度:0.3 克 / 立方厘米

水
密度:1.0 克 / 立方厘米

> 被用作密度的标准。

国际千克原器

1889 年,以 1 升水为标准制作了叫作国际千克原器的砝码,并把它的质量定义为 1 千克。原则上,世界上所有的秤在设计制造时的标准都是在称量这个国际千克原器时,能得出 1 千克的读数。国际千克原器作为质量标准已经被使用了超过 100 年,2018 年决定采用新的千克定义,国际千克原器也正式退役。如今新的千克定义,是规定以普朗克常数作为基准进行计算。

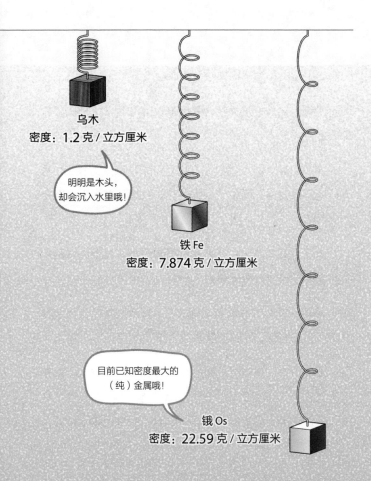

20 比比看

如果把世界上最高的山浸到世界上最深的海里去……

【山的海拔高度】

如果让山和海来比拼一下，谁会赢呢？

让我们试着把最高的山浸到最深的海里来比一比，看看谁会赢。

最深的海，在13篇已经介绍过了，是深度为10920米的马里亚纳海沟。它位于西太平洋，没想到在海上会有个大窟窿吧。

地球上最高的山，就是众所周知的喜马拉雅山脉的最高峰珠穆朗玛峰，海拔8844米。

如果把珠穆朗玛峰浸到马里亚纳海沟里的话，海水会把山顶完全淹没，并且还赢了2076米。

不仅如此，珠穆朗玛峰的高度8844米是海拔值，从登山队驻扎的大本营到山顶的标高差值是3700米，也就是说登山者并不是艰难地攀登了8844米，如果把这个标高差看作是山的高度，珠穆朗玛峰在马里亚纳海沟里会沉得更深，连马里亚纳海沟深度的一半都达不到。

让我们把其他高山也浸到马里亚纳海沟里对比一下。美国阿拉斯加山脉的丹奈利峰（丹奈利峰在2015年以前叫麦金利峰）海拔6194米，大约到马里亚纳海沟深度的一半。

非洲大陆的代表是位于坦桑尼亚的乞力马扎罗山，海拔5892米，是世界最高的独立于山脉的山峰。

位于法国和意大利国境交界处的阿尔卑斯山脉最高峰勃朗峰，海拔4810米。

日本最高的山峰是位于本州岛的富士山，海拔3776米。虽然海拔不能和世界最高峰相提并论，但从山脚到山顶的标高差并不逊色多少。

最后也比较一下位于中国台湾、海拔3952米的玉山。如果这座山从山脚开始测量的话，也是相当高的一座山。

【山的海拔高度】

来比比看马里亚纳海沟和世界上的高山

日本的最高峰哦!

富士山
(日本本州岛)
3776 米

玉山
(中国台湾)
3952 米

勃朗峰
(阿尔卑斯山脉)
4810 米

马里亚纳海沟
10920米

珠穆朗玛峰
（喜马拉雅山脉）
8844米

从山脚到山顶并没有那么高哦！

丹奈利峰
（阿拉斯加山脉）
6194米

乞力马扎罗山
（非洲大陆）
5892米

尽是谜团！【地球·自然】比比看

地球上的海、陆、冰各占多少比例?

【水和冰在地表所占面积的比例】

从宇宙空间看地球的表面会是什么样的呢?

地球被大气层包围着,大气层中飘浮着云,这些云时而翻腾汹涌,时而云开雾散,不等上一会儿恐怕是看不见地球表面的样子的。而且有些常年阴雨的地区,甚至得等上几个月直到季节转换,才能看得见。

观察时最引人注意的是地球表面几乎都被海水所覆盖。海水面积在北半球占了60.6%,在南半球占了81.6%,而在地球总面积里,海洋占到了71.1%。

其实地球的实质,和它名字的意义相反,是个海球。

也许是因为在太阳系范围内没有见到其他类似的拥有海洋的天体,同时地球形成时宇宙又恰好发生了罕见的现象,所以才得以形成了海洋,并且被保留了下来吧。

地表并非都是液体水,在北极和南极附近,地表是被冰层覆盖着的。所以，从宇宙看地球能观察到水的所有形态：固态（冰）、液态（海）和气态（水蒸气）。

与此相关，能联想到全球气候有三种稳定的状态。

它们分别是两极附近被冰层所覆盖的状态（现在的状态）和因气温上升而地表的冰全部融化的状态以及全球完全被冰覆盖的状态（全球冰冻）。

地球表面一旦完全被冰层覆盖，因为冰会反射阳光，所以气温会越来越低，导致冰无法融化。当代的科学家们正在寻找地球曾经历过数次这样的全球冰冻时期的地质学证据。

在全球冰冻的状态下，几乎所有的生物都无法生存。经历了过去的全球冰冻时期，幸存下来的恐怕只有生存在深海海底的少数几种生物吧。

不过，另一方面，如果地表的冰全部融化，导致海平面上升的同时全球变暖、高温，恐怕也会让绝大多数生物灭绝。

现在的全球气候与海洋以及陆地之间，其实是形成了一种微妙的平衡。

【水和冰在地表所占面积的比例】

地球的北半球和南半球，竟那么不一样？！

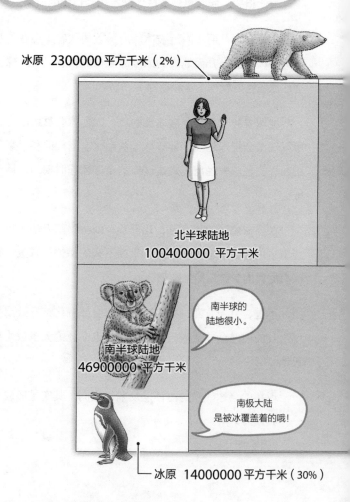

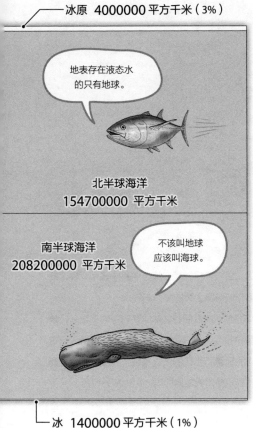

　　对于生活中随处可见，日夜不停为我们服务的科学技术，你了解它们的工作原理吗？知道它们有多么大的能力吗？

　　在这章，来介绍为我们生活提供便利、帮助我们探寻宇宙、延长我们寿命而做出贡献的科学技术。用 FLOPS、特斯拉、兆帕斯卡等这些"标尺"，来对比过去的记录和当代的尖端科技。其实尖端科技离我们并不遥远，即使是在家里使用的电器和电池里也随处可见。

真是厉害!
【家电·机械】比比看

用什么燃料只需 1 克就能煮沸 4 吨水？

【燃料产生的能量】

燃料，一般是指通过化学反应释放出能量的物质。释放的能量可以烧开水，用于澡堂、烹饪、发电以及驱动汽车。

在本篇中让我们就以能烧开多少水为"标尺"来对比下燃料吧。

平时生活中我们常用的管道天然气的主要成分是甲烷，液化石油气的主要成分是丙烷，这两种气体都是碳氢化合物。这些气体燃烧，就是和空气中的氧气发生氧化反应，生成二氧化碳和水，并释放能量。

燃烧1克甲烷，会释放55.90千焦，也就是13.35千卡的热量。

1克丙烷，可以释放50.30千焦，即12.02千卡的热量。

甲烷和丙烷气体，从单位质量上对比，燃烧所释放的热量基本差不多，但因为丙烷气体密度大，所以，若是按单位体积燃烧所释放的热量来计算的话，丙烷气体是甲烷气体的3倍左右。

1卡路里的热量可以把1克水的温度提高1℃，大约4.18焦耳。因此，甲烷气体释放出的13.35千卡，可以在常压下把133克的水从0℃提高到100℃使其沸腾，而丙烷气体可以使120.5克的水沸腾。不过，这是假设在热量完全作用于水，没有传导到空气中和容器的情况下。

此外，还有一种燃料是煤油，它常用于暖气设备，但让人没想到的是，它居然还是某种喷气式飞机的燃料。煤油是由几种碳氢化合物混合而成的，所以1个煤油分子里包含10~16个碳原子。1克煤油燃烧后可以产生约45千焦，即约11千卡的热量，可以使110克左右的水沸腾。

可见从以克为单位的单位质量上来对比，甲烷气体、丙烷气体和煤油没差多少吧。

核电厂的燃料是铀-235。铀-235在天然矿石中的含量非常低，只有约0.7%，但只要1克，就能使大约4吨的水达到沸点。

【燃料产生的能量】
1 克的燃料可以让多少水沸腾?

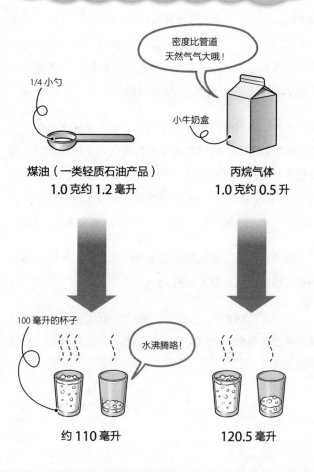

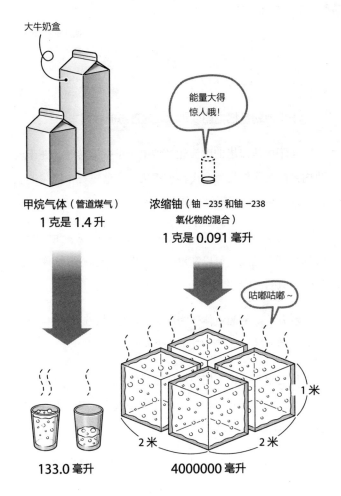

1节5号电池可以将人体加速到时速86千米!

【电池的能量】

干电池就是把电能以化学能的形态储存起来的胶囊。

当干电池流出的电流让各种电子设备运转时,在干电池内部的金属等物质会慢慢被氧化,在这过程中产生的能量便以电能的形式提供给外部。

氧化反应是化学反应的一种。燃料的燃烧、生物的呼吸都是氧化反应。所以在电池内部发生的反应是和燃烧或呼吸相似的反应。

也有用硫酸等液体作为原材料的电池。这样的电池拿在手里晃一晃,会有哗啦哗啦的声响。

与之相对的,不使用液体材料的就是干燥的电池,即干电池。就算把它拆卸开,也不会有液体流出。不过,大多数干电池上都标记有请勿拆卸的警告。

从1节高性能的5号电池里以电流的形式输出的电荷,

根据生产厂家检测，以20毫安的电流输出可以持续大约140小时，即约有1万库仑的电荷。用电流值乘上电池的电压，1.5伏特，就可以计算出它所产生的能量是15000焦耳，这就是干电池里蕴藏的能量。

正如大家所知，电可以让电灯发光，让马达转动，实现远程通信，也可以让计算机进行计算，让喇叭发出声音，让显示器显示画面等，它可以帮助我们完成多种多样的工作。

如果把干电池的能量施加到体重为50千克的人体上，可以将人运动的速度加速到大约24米/秒，即时速86千米。当然，这是假设在没有摩擦力等因素影响的情况下。

另外，把这些能量用于驱动电梯的话，在无视电梯本身的质量及摩擦力的情况下，可以把电梯里的人吊到31米的高度。

而把这些能量用来给这个人加热的话，假定所有的电能都转化为热能，那就可以使体温升高约0.07℃。这差不多类似于把电热丝埋在人体内了吧？

【电池的能量】

1节5号电池的能量,有这么厉害!

把15000焦耳(1节5号电池)施加到体重为50千克的人体上……

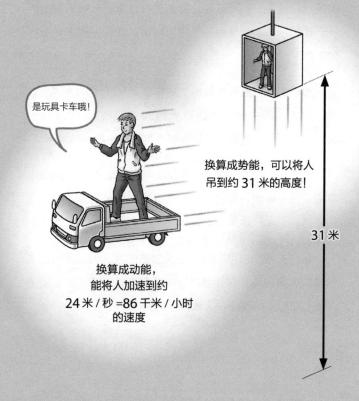

是玩具卡车哦!

换算成势能,可以将人吊到约31米的高度!

31米

换算成动能,
能将人加速到约
24米/秒=86千米/小时
的速度

能量

能量是日常生活中的用语，但如果被问到这个词究竟是什么意思，恐怕会有人答不上来了吧。所谓能量，在物理学中是指物质运动转换的量度。因为电池具备使马达转动、推动汽车行进的能力，所以说电池里有电能。而被推动的汽车会以一定速度开始行进，行进中的汽车，如果撞到其他物体，就会推动该物体使之发生位移，所以我们说，行进中的汽车具有动能。

换算成热能，可以使体温上升约 0.07℃

换算成食物的卡路里，相当于日常生活 11 分钟的消耗量
（假设 1 天的卡路里消耗量是 1900 千卡）

发动机、扬声器、核磁共振成像……，磁铁的巨大力量

【磁通量密度（特斯拉）】

铁会被磁铁吸引，但其他（很多）物质却（几乎）对磁铁没有反应。同时，磁铁之间既会相互吸引，也会相互排斥。磁铁的这些性质自古就让人觉得不可思议，充满魅力。

顺带一提，磁力的英语magnetism一词里就包含有魅力的意思。这有没有让你联想到吸引铁的磁力和吸引人的魅力之间，有着共通的自然法则呢?

磁铁上有两个磁极，N极和S极。同名磁极相斥，异名磁极相吸。

地球就是一块巨大的磁铁。北极一带是磁铁的S极，南极一带是磁铁的N极。所以，在地球上，磁铁的N极指向北极，S极指向南极。即指向North的是N极，指向South的是S极。

在日本，由地球这块磁铁所产生的磁通量密度大约是0.00003特斯拉。特斯拉是磁通量密度的单位。

如果把一块铁放在由其他磁铁产生的磁场中，这块铁就会变成磁铁（磁性）。因为铁可以变成比较强力的磁铁，所以才会被其他磁铁吸引。而放在其他磁铁的磁场中只是磁力微弱，或者完全不会有磁性变化的物质，对磁铁就基本不会有任何反应。这就是为什么铁很容易被磁铁吸引，而其他物质几乎没有反应的原因。

铁氧体磁铁和钕磁铁是始终保持着稳定磁通量密度的永久磁铁。马达、硬盘、发电机以及扬声器等各种各样的工业产品都使用永久磁铁。

另外还有电磁铁，它只有在通电时才会变成磁铁。这种磁铁可以应用于马达、线性马达、核磁共振成像检查（MRI）、变压器和扬声器等，并且在工业领域它应用得越来越广泛。

24 比比看

【磁通量密度(特斯拉)】
太阳黑子比地球磁力大?

 日本所在纬度的地磁场 **0.00003** 特斯拉

典型的铁氧体磁铁 **0.1** 特斯拉

> 太阳上的黑子是磁铁的磁极哦!

太阳黑子 **0.2** 特斯拉

典型的钕磁铁 **0.4** 特斯拉

核磁共振成像检查(MRI)的超导电磁铁 **1** 特斯拉

特斯拉

磁通量密度的单位特斯拉（T），是取自于美国电气工程师、科学家尼古拉·特斯拉（1856—1943）。特斯拉有变压器、无线电等诸多发明，是当今电气化世界的创造者之一。特斯拉提出了在发电和电力传输上使用交流电的方式，而同样也是为电气化世界做出过贡献的发明家托马斯·阿尔瓦·爱迪生（1847—1931）主张以直流电的方式，两人曾为此有过激烈的竞争。结果特斯拉的主张得到了肯定，交流电才得以成为主流并沿用至今。

在电动汽车的马达里使用了强磁力的钕磁铁哦！

25 比比看

仅仅0.2安培的电流，就有触电致死的危险？！

【电流】

在电池和LED灯泡之间用电线串联成一个回路后，电流会流经电线使LED灯泡发光。此时，在电池内部有一种粒子在移动，这种粒子是带负电荷的电子。它们从电池的负极不断流向正极。

不过，物理学上规定，电池外部的电流是从电池的正极流出，通过电线的传导，再流入负极。和电池内部带负电荷的电子的移动方向相反。这听起来，不由让人觉得有点复杂了呢。

事到如今，就算存在更好的定义方法，但如果再去变更这个定义的话，恐怕会引发事故，甚至造成人员伤亡等混乱情况的发生，所以目前就维持原状了。

电流的大小是用每秒通过电线横截面的电荷量来计算的。如果1秒内通过的电荷量是100库仑，那么电流的大小就是100库仑/秒=100安培。

100安培的电流是非常大的。这样的电流通过人体，一般情况肯定会致人死亡。而其实一般情况下，0.2安培的电流通过人体并持续1秒以上，就有50%以上的触电致死率。

一般家庭里使用的家用电器几乎都是靠很小的电流维持运转的。普通电子设备的电流通常都在0.3安培以下。不过，吸力强劲的吸尘器，电流是10安培。

同时使用几种需要大电流的家电，会触发断路器，导致家里停电。不过，现在家用空调等需要大电流的家电一般都设置专用动力线。

大规模发电厂的发电机可以产生3万安培的电流，电压有2万伏特。

而通过电线输送到消费地区的电能，实际的电流并没有那么大，只有1000安培。因为把电压加大到数十万伏特，从而使电流变小，这样输送电能的效率才会更高。

【电流】

来比一比家用电器的电流吧!

普通电子设备的电流
0.3 安培 = 300 毫安

在这以上的电流
持续 1 秒以上
就有 50% 的致死率
0.2 安培 = 200 毫安

10^{-2} 安培

1 毫安

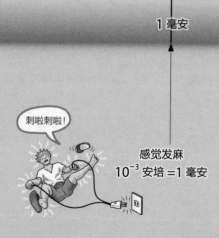

刺啦刺啦!

感觉发麻
10^{-3} 安培 = 1 毫安

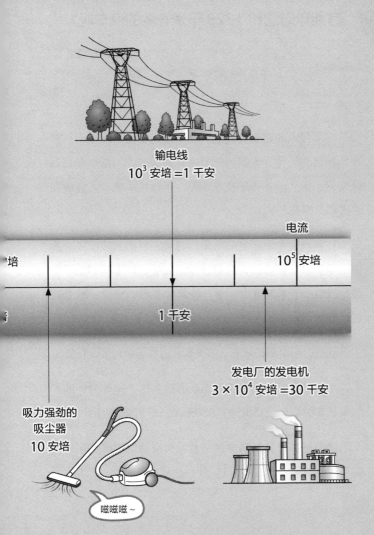

有能以时速约1228千米奔驰的汽车吗?

【交通工具的速度】

科学技术非常崇尚高速。自从发明了动力机械,机器开始能自动工作,人类就一直在挑战速度,不断刷新最高速度的纪录。似乎科学技术就是为了让物体或者人能够快速移动而存在的。

在蒸汽火车刚刚发明出来的时候,它的速度比人奔跑快不了多少。但很快,随着技术的发展,甚至研制出了时速超过200千米的蒸汽火车,换算成每秒的速度,就是超过了55米/秒。

现在,用电动机来驱动的火车,时速能超过300千米。

中国的复兴号动车组列车具有达到这个速度的性能,如果载客的话,最高时速是350千米,即97米/秒。

如今正在开发研制中的磁悬浮列车的时速最高纪录是603千米,即168米/秒。该纪录是在日本的试验中产生的。

火车和汽车，哪个更快呢？普通的公交车或者出租车的时速是没法胜过复兴号的，但比最高速度的话，胜利属于汽车。

Thrust SSC是搭载了两台涡轮喷气发动机的汽车，它跑出了时速1227.985千米、341.1069米/秒的纪录。它的速度居然已经超过了音速（标准大气压、15℃时）。

恐怕这样的车与其说是汽车，不如说是装着轮子的喷气式飞机更合适吧。

飞机的最高速度是时速8233千米、2287米/秒。这个纪录是在1967年，由一架叫作X-15A-2的喷气式飞机创下的。

比这更快的纪录是载人航天器创造的。阿波罗计划的探月火箭曾载着3名宇航员往返于地月之间。阿波罗10号在返回地球时，创造了时速39897千米、11080米/秒的纪录。其他交通工具与它相比，真是小巫见大巫啊。

【交通工具的速度】

陆上最高速度、空中最高速度的交通工具分别是什么?

复兴号的运营最高速度
350 千米/小时 = 97 米/秒

磁悬浮列车的速度纪录
603 千米/小时 = 168 米/秒

汽车的速度纪录
1227.985 千米/小时
= 341.1069 米/秒

飞机的速度纪录 8233 千米/小时 = 2287 米/秒

载人航天器的速度纪录 39897 千米/小时 = 11080 米/秒

27 比比看

在极短的距离中比较,人的速度比飞机和汽车快?

【交通工具的加速度】

对比了交通工具的速度,我们再来对比加速度。

所谓加速度,是指单位时间内速度的增减程度。在短时间内速度增加越多加速度就越大。当速度减小,即减速时,加速度就会变成负数。

如果速度越大加速度就越大的话,速度的世界纪录就直接等同于加速度的世界纪录了,但其实并不是这样的。即使物体速度本身很快,却是花了很长时间才达到该速度的话,这时它的加速度反而会很小。

比如说,客机起飞时,起飞速度会在约30秒内,达到82米/秒,加速度是2.7米/秒^2。当然这是因为载着乘客飞行的飞机,不可能加速太快。

不过这里对比的是日常出行乘坐的飞机和汽车的加速度。

而一些特殊的飞机、汽车或者其他装置则可以达到更大的加速度。比如装备在航空母舰上的舰载机起飞弹射器,这种装置会推动飞机使它起飞。飞机起飞时的加速度超过了35米/秒^2。如果对自己的身体素质没有自信的话,还是避免乘坐这种飞机比较好。

汽车在一踩油门启动时,也可以产生3米/秒^{2}的加速度。在那一瞬间会感觉身体都陷入座椅了吧。

另外,用力蹬自行车时,可以在1秒左右的时间里达到时速15千米左右的速度。这时加速度是4.2米/秒^2。

真是出人意料,靠发动机驱动的汽车的加速度居然没有用脚蹬的自行车的加速度大。所以如果在仅仅长几米的、非常短的跑道上比赛的话,自行车会战胜汽车。

不仅如此,人起跑时的加速度也是相当大的,有5米/秒^{2}左右。真是让人意想不到吧!相比汽车的加速度,自行车的加速度更大,而人起跑的加速度比这两者都大。

【交通工具的加速度】
"起跑冲刺"第一名的是谁?

客机起飞 约 2.7 米/秒^2

汽车启动 约 3 米/秒^2

自行车加速 约 4.2 米/秒^2

人起跑 约 5 米/秒^2

世界上最快的计算机 1 秒能进行 20 亿亿次的运算!

【运算速度】

FLOPS（Floating Point Operations Per Second）是测量计算机速度的单位，它表示1秒内进行的浮点运算的次数。

浮点数是科学计数的表示方法之一，比如把1.25表示成浮点数就是0 01111111 01000000000000000000000。计算机在运算时，把这些0和1的排列进行相加、相乘，来进行演算。

1秒内能进行多次大浮点数运算的计算机，就可以说这台计算机的速度很快。不过，计算机的速度并不只看运算速度，其他比如内存读取速度、通信速度等因素都会决定计算机的速度。

1946年由美国陆军部研发的计算机埃尼阿克（ENIAC），屡次被称为世界上第一台计算机。不过对于计算机的定义，不同人也有不同说法，所以，世界上第一台计算机也存在别的观点。

据推断，埃尼阿克的运算速度是300 FLOPS。就是说它具有1秒内进行300次浮点运算的能力。

日本的理化学研究所和富士通研发的超级计算机——京，拥有超过1.0×10^{16}FLOPS的巅峰性能，在2011年登上了世界上最快计算机的宝座。

截止到2019年，世界上最快的超级计算机是美国IBM公司研发的顶点（Summit），它的峰值可达到1.486×10^{17}FLOPS，即每秒可进行接近14.86亿亿次的运算。

不过超级计算机的研发是个开展在国家和研发团队之间、竞争异常激烈的领域。

要保持住第一的优势，比运动员保持世界纪录还要难得多，超级计算机的更新换代和纪录刷新只是时间问题，而且现在这个时间越来越短。

从1946年开始持续到现在的研发竞争，导致计算机的性能每两年就翻倍提升。这个倍增法则叫作摩尔定律。

【运算速度】
世界最快纪录刷新速度很快?!

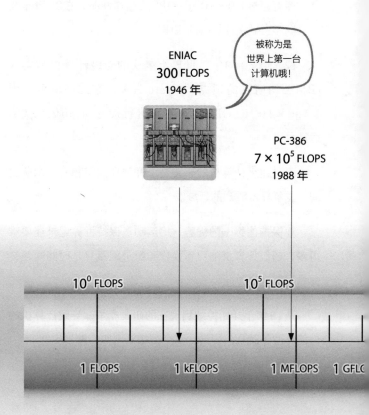

被称为是世界上第一台计算机哦!

ENIAC
300 FLOPS
1946 年

PC-386
7×10^5 FLOPS
1988 年

10^0 FLOPS

10^5 FLOPS

1 FLOPS   1 kFLOPS   1 MFLOPS   1 GFLO

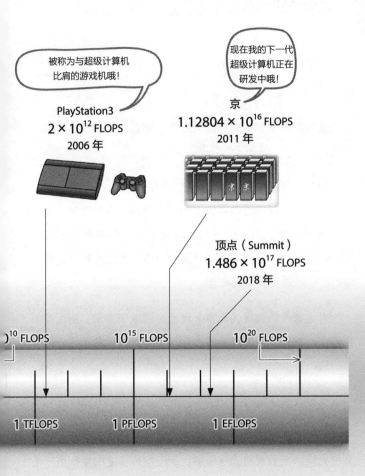

用发束居然可以吊起重达1吨的物体？！

【纤维的抗拉强度】

在自然界里有各种各样的纤维，它是一种长长的带状物质。

蜘蛛、蚕等都会吐丝，植物会用一种叫作纤维素的长链分子来编制自己的身体。而人类提取了这种天然的纤维，用来纺线、织布、造纸、制造木材，还研制出了人工纤维，并使这种纤维达到了自然界中的纤维所没有的强度。

对比纤维的强度，通常是用抗拉强度来衡量。所谓抗拉强度，就是把拉断纤维的力除以该纤维的横截面积所得到的值。

比如人类头发的抗拉强度，典型值大约是200MPa。

也许你不知道"MPa"是什么，它是压强的单位。因为把力除以受力面积就是压强，所以抗拉强度的单位用压强的单位表示。

不过，在这个基础上我们再进一步，来对比一下如果把这些纤维分别捆成一束，用来抬起重1吨（约1万牛顿）的物体时，它们的横截面积需要多大。抗拉强度越大，能抬起1吨重量的物体的纤维的横截面积就越小。

首先，根据计算，人的头发需要捆成50平方毫米，即直径8毫米的发束才能承受1吨物体的重量。1根头发的直径算是0.2毫米的话，这个发束就相当于需要1600根头发来组成。

抗拉强度大的钢铁，抗拉强度可达2700MPa，用这种钢铁来抬起1吨重量的物体，直径需要达到2.2毫米。这种钢铁厉害吗？或者还是觉得和头发相比也差不了多少呢？

实际上，在同样的直径下对比，钢铁和蜘蛛丝的抗拉强度基本相同。蜘蛛丝的抗拉强度是1000MPa。

如今，人类开发研制出的抗拉强度最大的纤维是碳纳米管。有研究报告表明，它的抗拉强度是63000MPa。用它来抬起重1吨的物体的话，直径只要0.44毫米就足够了。

碳纳米管

碳纳米管是由碳原子组成的同轴圆管。它能被制作成各种直径,最细可以小于1纳米,所以,它的名字由此而得。随直径和构造的不同,它的导电性也会发生变化,它可以是绝缘体,可以是半导体,也可以像普通金属一样导电。由于它这种不可多得的强度和特殊的导电性,被科学界广泛深入地研究以期能研发出一种全新的材料。不过,目前基本还没有任何具有实用性的产品被研制出来。

最强的纤维哦!

钢丝
直径 2.2 毫米

碳纳米管
直径 0.44 毫米

世界上最大机器的周长竟然有约27千米！

【人造物体的大小】

世界上最高的塔是位于阿拉伯联合酋长国的迪拜的哈利法塔，高度828米，算上天线的话，是829.8米。它竣工于2010年。不论是有居住层的建筑还是没有居住层的建筑，它都是世界最高的。

位于日本东京的东京晴空塔高度634米，是世界第二高的建筑物。从2012年竣工开始，它的高度就一直是世界第二。

截止到2018年，日本最高的大楼是位于大阪市的阿倍野HARUKAS,这栋建筑总共有60层，高度300米。于2014年竣工。

在中国河南省鲁山县的中原大佛是世界上最高的佛像。佛像本身高达108米，算上底座的话是208米。于2007年建造竣工。和世界第一及第二的建筑物相比，相去甚远，但因为作为雕像来说确实非常巨大，所以这里提一下。

以上这些都是在纵向上伸展的建筑,如果要说横向扩展的建筑或者人工构造物的话,比它们更大的物体并不少见。

建造在瑞士和法国边境上的大型强子对撞机(Large Hadron Collider,简称LHC),是一个把质子加速至接近光速,让它们在一个环状的容器中运动,并使之互相发生对撞的实验装置。这个装置可以把质子的运动速度加速到光速的99.999999%。

大型强子对撞机的周长有大约27千米。它常常被称为世界上最大的机器。也就是说,它不单作为粒子加速器是最大的,在所有人类制造的机器中也是最大的。建造大型强子对撞机,差不多用了20年的时间,并且花费了大约71亿欧元。

不过,即使不花费那么多人力和物力,也可以在地球表面建造横向上大规模扩展的人工构造物。比如公路和铁路,动辄就延伸几千千米。把公路或者铁路看作是人工构造物的一种,也许它们才是最大的吧。

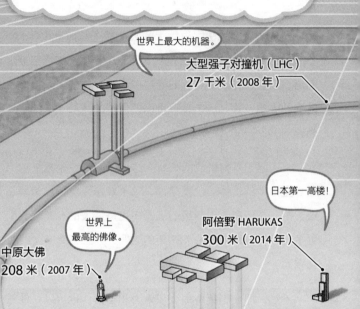

30 比比看

【人造物体的大小】
世界上最高的建筑物、最大的机器

世界上最大的机器。

大型强子对撞机（LHC）
27 千米（2008 年）

日本第一高楼！

阿倍野 HARUKAS
300 米（2014 年）

世界上最高的佛像。

中原大佛
208 米（2007 年）

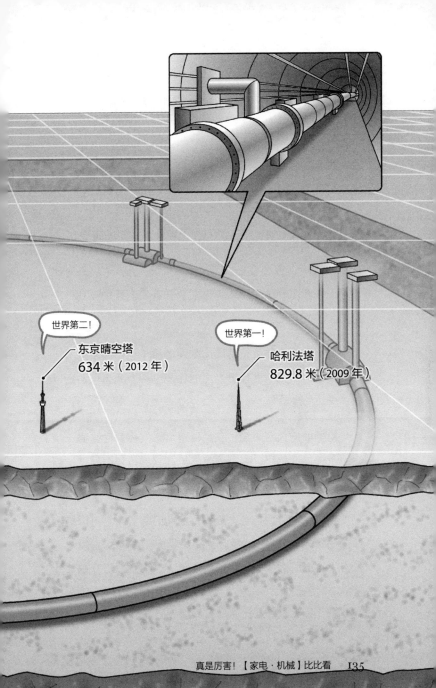

比人造卫星还快的磁轨炮炮弹的速度是多少?

【飞行物的速度】

我们继续来对比下人类通过工程技术达到的速度。

交通工具的速度在26篇已经对比过了。这次来对比一下无载客限制的子弹或者火箭,看看它们能加速到什么程度。

另外,因为如果把用LHC加速的质子也一起拿来对比的话,就需要把速度接近光速的粒子也都罗列出来,所以粒子一类的也除外。

枪里面的火药燃烧,在高温下可燃气体瞬时膨胀,从而把子弹加速射出。典型的来复枪,它的枪口初速度达到1.2千米/秒,是声速(20℃时)的3倍以上。

磁轨炮是借助电磁力给物体加速的装置。它可以把炮弹加速到超过10千米/秒。相关科学家借助参考磁轨炮炮弹击中目标时的状态,可以研究陨石、太空垃圾等碎片发生冲撞时的情况。

人造卫星的速度是8千米/秒。人造卫星是借助火箭发射升空的。而火箭是通过燃料燃烧，喷射出因高温而膨胀的可燃气体来加速的。和枪是用可燃气体加速子弹不同，火箭是给自身加速。

不围绕地心轨道，而是在宇宙更深处旅行的宇宙探测器，需要更大的速度。宇宙探测器除了通过火箭喷射加速，还经常借助行星公转的引力助推法。就像朝行进的汽车扔一个有弹性的球，弹回来的球（碰撞时的角度刚好合适的话）会获得比碰撞前更大的速度一样，引力助推法就是让探测器接近后又离开正在做公转运动的行星，从而使它的速度比接近前更大的一种加速方法。

宇宙探测器到目前为止的速度纪录是由木星探测器朱诺号创下的，它和木星间的相对速度达到73.6千米/秒。不过朱诺号并不是一直以这个速度飞行的。在2018年，它已经以更慢的速度观测着木星了。

人类制造的飞行器中，目前离地球最远的是旅行者1号，它现在正处于距离太阳200亿千米的地方，以17千米/秒的速度飞行着。

31 比比看

【飞行物的速度】

子弹、火箭能加速多快?

来复枪子弹 1.2 千米/秒

人造卫星 8 千米/秒

磁轨炮炮弹 10 千米/秒

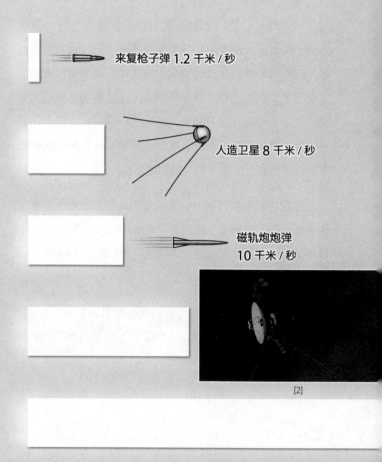

[2]

人造卫星向东飞行

绕地球旋转的人造卫星几乎都是向东飞行的。从地表看，它从西边天空升起，然后向东沉落。这是因为地球自西向东自转，地球自转的速度在赤道上为 463 米／秒，超过声速。如果向东发射装载人造卫星的火箭，可以加算地球自转的速度，这样能节省燃料，使飞行更经济。

1977 年发射，现在仍在持续飞行哦！

**行星探测器
旅行者 1 号
17 千米／秒**

在观测中哦！

木星探测器朱诺号 73.6 千米／秒
（与木星间的相对速度，最大值）[3]

32 用人力加热盒饭的话,需要多少劳力?

【耗电量和功率】

日常生活中,我们经常看见洗衣机咣当咣当在转,吸尘器轰轰地响,微波炉嗡嗡地工作,冰箱静静地把食物冷冻。而在其他我们看不到的地方,也有各种各样的家用电器在为我们服务。这不由让人觉得,电力真是非常强大!

使这些家用电器运转的电能是由发电厂产生,经过几百千米的输电线传输分配而来。发电厂通过把河流流动的水力、石油燃烧产生的热、核裂变物质产生的热以及太阳光等转化为电能。其中除了太阳能发电以外,几乎所有的发电方式都需要某种动力来转动涡轮机或者风车,从而使发电机工作。

从理论上来说,通过人力来转动涡轮机发电是完全可能的。如果用人力取代电力来使家用电器运转,需要多少劳力呢?

让我们把用人力来对抗重力搬起20千克的物体这种操作，当作是使发电机运转所需要的劳力，如此进行1秒的话，会产生大约200瓦的功率。同时假设我们使用的是工作效率为100%的发电机，在运转过程中可以把能量完全无损耗地转化为电能。接下来，就让我们来对比一下吧。

首先比如LED照明灯、智能手机等小电器，因为这些小电器不需要耗费太多的电力，所以用人力发电完全能供给。不用搬起20千克的物体，只需要搬起5千克物体所做的功，就足以让LED灯把房间照亮。

洗衣机在甩干时的功率约800瓦。所以恐怕必须要4个人一起来发电才行。这样的话，明显还不如手洗来得轻松。

要使功率为1000瓦的吸尘器工作，必须有5个人来参与发电。如果还需要有个人来拿着吸尘器到处打扫的话，那么打扫房间，就成了需要6个人共同负责的劳动了。

使功率1200瓦的微波炉工作，5个人的劳力也不够，需要6个人同时工作才行。这样的工作持续上几分钟的话，就可以把1人份的盒饭给加热了。

看来如果都用人力来发电的话，我们的便利生活会彻底瓦解。

【耗电量和功率】

如果家用电器都靠人力运转的话……

LED 灯 40 瓦
（依产品不同功率有差异）

在 1 秒内把 5 千克物体抬
至离地 1 米所做功的功率
=
约 50 瓦

洗衣机
约 800 瓦（甩干时）

在 1 秒内把 20 千克重物抬
至离地 1 米所做功的功率
=
约 200 瓦

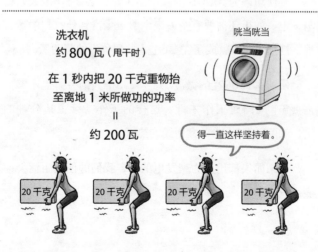

吸尘器 约 1000 瓦
（依产品不同功率有差异）

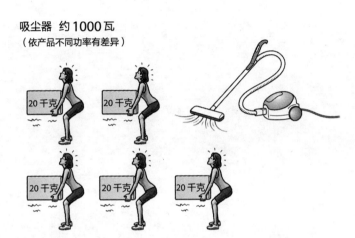

微波炉 约 1200 瓦
（输出功率 800 瓦）

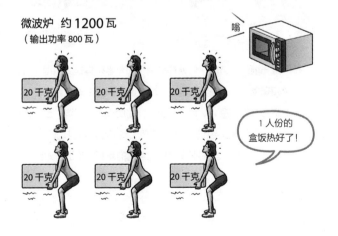

1 人份的盒饭热好了！

在广阔无垠的宇宙里,到处都充满了相差悬殊得让人觉得不可思议的事物和现象。这章来看看透过望远镜能看到的奇异世界。

从太阳到八大行星,从系外行星、神秘的天体、黑洞,到宇宙最初的大爆炸,所有这些宇宙空间里的现象,我们尽量用身边的"标尺"来对比,虽然宇宙空间里的很多现象相互间的差距很难进行对比。

原来如此！有意思！
【宇宙·天体】比比看

33 比比看 太阳的半径大约是地球的 109 倍!

【太阳系内·天体的大小】

我们生活在叫作地球的行星上,这颗行星不停围绕着一颗叫作太阳的恒星旋转。

当然,被太阳的引力吸引而绕着它旋转的其他大大小小的天体还有很多。

水星、金星、火星无论大小还是构成都和地球差不多,都属于岩质行星。不过,它们的气压、温度和大气成分等各不相同,表面也完全不一样。

木星和土星是主要由氢和氦构成的行星,它们被称为气态巨行星。

天王星和海王星的构成除了氢、氦,还含有很多氧。氢和氧发生化合反应生成水,但由于天王星和海王星内部温度较低,水呈固态。固态的水叫作冰。所以,天王星和海王星被称为冰巨星。

而冥王星,因为体积小,所以不能归入行星一族。冥王星到太阳的距离是地球到太阳距离的约40倍。另外,漂浮在宇宙空间中,比冥王星距离太阳更远的小天体更是多得数也数不清,这些小天体几乎都没被确认过,都尚未记录在案。

这么多的天体兄弟和太阳母亲一起组成了太阳系。

另一方面,抬头仰望着夜空中众多熠熠生辉的恒星,不禁会让人想到这些恒星是否也都有行星的陪伴呢?在那些行星上是否也有独立的生命体或者智慧生物繁衍栖息呢?

虽然尚不清楚其他恒星是否也孕育着生命体或者智慧生物,但最近科学家们了解到越来越多关于其他恒星的情况。

1995年,科学家找到一颗围绕着叫作飞马座51的恒星旋转的行星飞马座51b。这是发现的第一颗围绕类似太阳的恒星运转的系外行星,也是人类发现的第一颗热木星,亦是热木星的原型。

经过那次发现后,越来越多的系外行星被发现。到2019年,已经找到了多达数千颗。这个数字应该还会不停地增长下去。

【太阳系内·天体的大小】

33 比比看
地球是如此不起眼的一颗行星

木星
赤道半径
71492 千米

水星
赤道半径
2440 千米

地球
赤道半径
6378 千米

金星
赤道半径
6052 千米

火星
赤道半径
3396 千米

太阳
赤道半径
696000 千米

行星

在绕太阳运行的天体里,质量足够大并靠自身引力保持球形,且在自己的运行轨道里没有其他天体,本身更并非卫星的星球叫作行星。根据这个定义,在自己的运行轨道里存在其他天体的冥王星就不能归类到行星了。不过,到目前为止所发现的围绕其他恒星旋转的小天体,都一律称为行星。

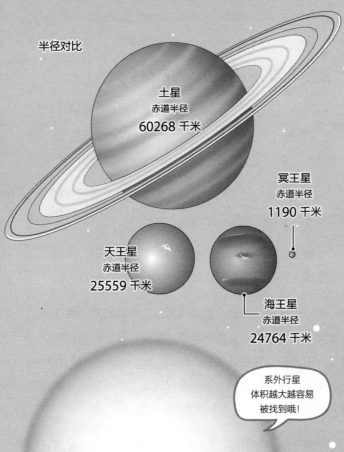

34 直径300万光年的银河系有多大?

【太阳系外·天体的大小】

接下来让我们把目光转移到太阳系之外,那里有更广阔的空间,飘浮着无数的恒星。

正如前文多次提过,我们知道恒星是像我们的太阳那样的星球,而在恒星中还有远比太阳更大的星球。

比如,在猎户座的"右肩"附近,可以看见一颗红色的星球——参宿四。它是一颗红超巨星,其直径约13亿千米。太阳直径只有约140万千米,它是太阳直径的约1000倍。如果把参宿四放到太阳所在位置,它的外层会吞噬地球、火星,直达木星运行轨道附近。

另外,在夜空中闪烁的天体中,还有比恒星更加巨大的。

在仙女座附近,能看见一团巨大的白色云状物体。它是距离我们254万光年,直径22万光年的仙女星系。

1光年就是光在1年的时间里所经过的距离，大约是10兆千米。仅仅1光年就已经是大得无法想象的距离了，而星系的直径比这个距离要大得多。

星系是由无数恒星以及其他物质集合而成的。不论是仙女星系，还是我们所属的银河系，都属于星系，都是由无数天体集合到一起形成的。

恒星和星系间的大小比例实在是天壤悬隔，如果在本页上画出一颗完整的恒星，要想再画一个星系，就必须要一张大得像参宿四一样的纸才行。因此，要在同一页纸面上同时描绘恒星和星系的话，需要使用对数刻度来表示。

就像恒星集合成星系一样，数个星系在一起就组合成一个星系群，而数十个星系群聚在一起就是一个星系团。星系群和星系团是宇宙中最大的天体。

我们所在的银河系属于一个叫作本星系群、名字听起来有点怪的星系群。在本星系群里，还包含仙女星系、大麦哲伦云、小麦哲伦云等，总共约50个星系，它的直径横跨了整整1000万光年。

人类在宇宙中，可观测宇宙的半径是460亿光年左右。

【太阳系外·天体的大小】
在宇宙中,太阳的尺寸小得可爱?!

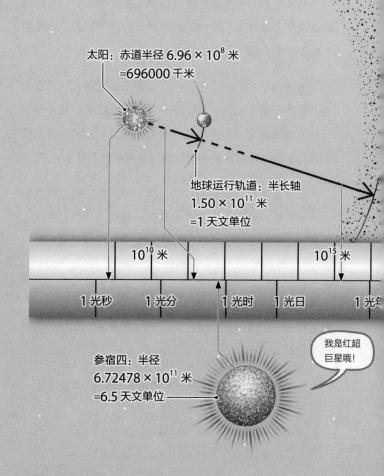

天体的集合体

在天文学上，会把天体的集合体看作是一个独立的天体。比如，恒星的集合叫作星系，星系的集合叫作星系群或者星系团。因为星系、星系群和星系团都是凭自身引力吸引住其内部的天体而形成的一个整体，所以可以看作是一个独立的天体。

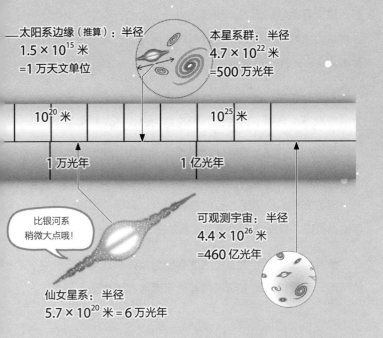

太阳系边缘（推算）：半径 1.5×10^{15} 米 =1万天文单位

本星系群：半径 4.7×10^{22} 米 =500万光年

10^{20} 米　　　　10^{25} 米

1万光年　　1亿光年

比银河系稍微大点哦！

可观测宇宙：半径 4.4×10^{26} 米 =460亿光年

仙女星系：半径 5.7×10^{20} 米 = 6万光年

如果人站在太阳表面上,会被挤压成一个平面?!

【天体表面的引力加速度】

这篇让我们用重力加速度来对比一下太阳系内天体的引力。

我们生活在地球表面,每时每刻都被地球引力吸引着,感受着地球的重力。地球重力对于大象、卡车、油船等质量大的物体作用大,而对蚂蚁、雨滴、一元硬币等质量小的物体,作用相对小。

不过,如果让这些不同质量的物体(在没有产生摩擦力的情况下)自由下落的话,无论是大象,还是蚂蚁甚至任何物体,它们都会以同样的加速度落下。这就是叫作自由落体定律的物理定律,是由伽利略提出的。

因为在重力作用下,任何物体都是以相同的加速度下落的,所以,根据这个加速度就能知道重力的大小。

虽然地球表面的重力加速度会因为具体测量地点所处的纬度、海拔以及地下所埋藏着的东西而有所变化,但通常是约9.8米/秒²。一般把这个加速度标记为g_0，并用来作为重力加速度的标准。

质量50千克的人在地球上受到的重力，是大约500千克·米/秒²，即500牛顿。我们平时用的体重计是把受到的500牛顿压力表示成了50千克。

月球表面的引力加速度是重力加速度的1/6，即$0.17g_0$。物体在月球表面自由下落，会像播放慢镜头一样，以非常小的加速度落下。如果把地球上的体重计带到月球上的话，它会把质量50千克的人显示成8.3千克。但是，人的体重是不会改变的，所以并不是说这个人瘦了。

木星是气态巨行星，没有像地球、月球这样的固体表面，不过在它的大气表面测得的引力加速度是重力加速度的2.4倍，也就是$2.4g_0$。在太阳系的行星里，木星上的引力加速度是最大的。

当然，太阳系里引力加速度最大的星球还是太阳，是$28g_0$。不过，人估计是没法站到太阳表面上去的，不说其他，只说太阳的高温就会把人气化，所以单凭这条理由人就很难站到太阳表面上了。

【天体表面的引力加速度】

太阳系最大的引力加速度是多少？

月球：
0.17 g。
1.7 米/秒²

地球：
1 g。
9.8 米/秒²

重量和质量

质量是表示物质的量的量度，可以千克为单位进行测量。物体不论是在地球上、月球上还是国际空间站上，其质量都是不变的。另外，重量是表示物体所受重力大小的量度，可以牛顿为单位进行测量。如果把一个物体从地球上搬到月球上，因为重力小了，所以重量会变成原先的1/6。而在国际空间站，物体处于失重状态，所以不会感觉到重力的存在，重量会显示为零。但这并非是地球本身的重力消失了，所以与其称为失重状态，说其是无重量状态更准确些。

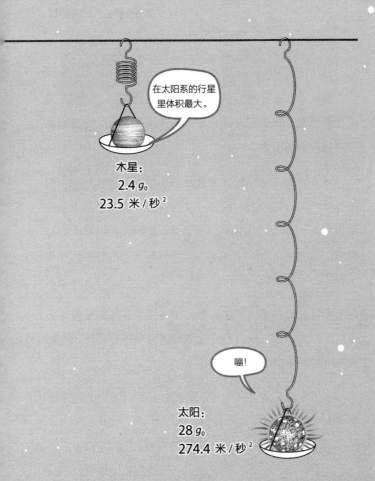

36 在黑洞里，自由落体的时间会停止？

【天体表面的引力加速度】

银河系也是个独立的天体，是个引力源。构成银河系的无数恒星、气体以及暗物质等所产生的引力，合计起来就是银河系的引力。

就在此时此刻，银河系也在给予太阳、地球乃至我们的身体约 2.4×10^{-10} 米/秒^2 的引力加速度。银河系是个总质量相当于1.5万亿个太阳的巨型天体，而我们距离它的中心有约2.6万光年，所以，其引力加速度对我们的影响已经非常弱了。

不过，银河系所产生的引力加速度本身并不微弱，它足以拉住太阳系，使它不停地绕着银河系中心旋转。太阳系围绕银河系中心的运转周期约为2亿年。

宇宙中最大的天体、星系团或者星系群的引力加速度有多大呢？

以我们所属的本星系群作为代表,它使我们产生的引力加速度是10^{-13}~10^{-12}米/秒^2,看来它对我们的影响比银河系要小了不少呢。像银河系或者本星系群这样极大且不断膨胀的天体,因为它的密度小、结构松散,所以,引力加速度才会出人意料地小。

在体积小密度大的天体中,有些天体具有惊人的引力加速度。

比如,把所有燃料都耗尽后的恒星,体积会缩小,坍缩成一颗昏暗的、叫作白矮星的天体。白矮星拥有与太阳差不多的质量,半径却接近行星半径,平均小于1000千米。它表面的引力加速度达到约500万米/秒^2,即510000g_0。

另外,中子星的引力加速度更大。因为它的质量约是太阳的1.4倍,半径却只有约10千米,仅仅是白矮星体积的1/100。它表面的引力加速度约为2兆米/秒^2,也就是2000亿g_0。

连光都逃脱不了的天体——黑洞,则展示出了更恐怖的引力加速度(随个体质量而不同)。质量是太阳10倍的黑洞,在它的史瓦西半径上,引力加速度达到约20兆米/秒^2。

36 比比看 【天体表面的引力加速度】
对比太阳系以外的引力加速度，会是什么情况？

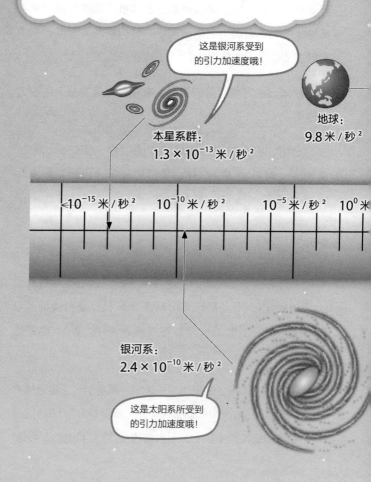

黑洞

黑洞是一种引力（潜能）巨大，连光都无法从中逃脱的特殊天体。光无法逃脱的距离，叫作史瓦西半径。而在史瓦西半径上会发生下落速度变 0、自由落体的时间停止等各种奇妙的现象。

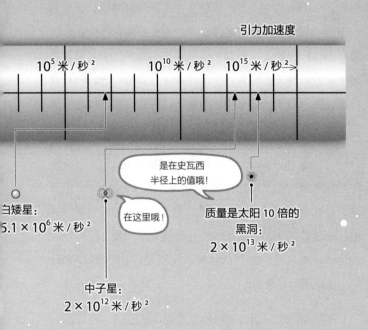

引力加速度

10^5 米/秒²　　10^{10} 米/秒²　　10^{15} 米/秒²

是在史瓦西半径上的值哦！

白矮星：
5.1×10^6 米/秒²

在这里哦！

质量是太阳 10 倍的黑洞：
2×10^{13} 米/秒²

中子星：
2×10^{12} 米/秒²

月球绕地球旋转的速度、地球绕太阳旋转的速度

【天体的轨道速度】

你见过人造卫星吗?

在太阳刚落下山不久眺望夜空,运气好的话,会看到一个光点"咻"地闪过天际。其中有些是国际空间站,因为它的体积比较大,所以天气条件好的时候,它会闪着最亮的光,一整天都能看到。虽然地球表面没有光,但只要有阳光照射到人造卫星上,而且它刚好经过我们所在地区的上空,就可以被观察到。

人造卫星在被地球引力吸引着的同时,绕地球旋转。低轨道人造卫星的速度是约7.9千米/秒(第一宇宙速度)。低轨道人造卫星是在距离地表200~1200千米的高度环绕地球的卫星,大约100分钟绕地球一周。100分钟绕地球一周可是非常快的速度,飞机是以240米/秒飞行的,它是飞机速度的33倍。

在距离地球更远一些的轨道上环绕的卫星,则以慢一些的速度运行着。比如地球的天然卫星——月球,它运行

轨道的半长轴是384400千米，以1.0千米/秒的速度绕地球旋转。虽然慢，但和飞机相比的话，也达到飞机速度的3倍了。

月球环绕地球一周需要27.32天。不过，从一个新月到下一个新月的周期却是平均29.53天，我们把这个周期称为一个月，作为时间单位来使用。

不只是人造卫星或者月球，就连我们，也每时每刻在宇宙空间里旅行着。人造卫星、月球、地球以及我们，大家都在一起以大约30千米/秒的速度绕太阳旋转着。

就算你此刻是保持原地不动的，却也连同着地球在一起旋转，想到这一点，有没有感觉很不可思议呢？

不过和太阳的速度相比，地球的旋转速度是很慢的。

太阳、地球以及其他行星等组成的太阳系是以大约240千米/秒的速度在宇宙空间里绕着银河系的中心旋转。太阳系环绕银河系一周的时间需要2亿年，所以太阳系已经围绕银河系旅行23周了。

【天体的轨道速度】

太阳绕银河系一周需要 2 亿年！

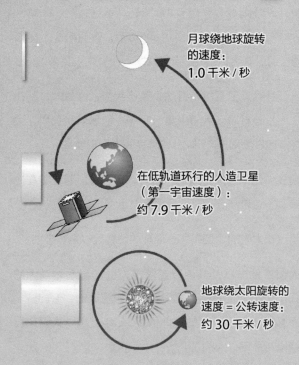

月球绕地球旋转的速度：
1.0 千米/秒

在低轨道环行的人造卫星（第一宇宙速度）：
约 7.9 千米/秒

地球绕太阳旋转的速度 = 公转速度：
约 30 千米/秒

第一宇宙速度

把物体以大约 7.9 千米 / 秒的速度抛出去的话,该物体就会变成贴着地球表面环绕而行的人造卫星。这个速度叫作第一宇宙速度。而如果是以约 11.2 千米 / 秒的速度抛出去的话,就会摆脱地球引力,如果没有太阳引力的话,该物体就会朝着无限远的地方飞出去。这个速度叫作第二宇宙速度。

太阳系
绕银河系旋转的速度:
240 千米 / 秒

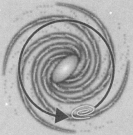

绕太阳一周需要 12300 年的小行星

【公转周期】

如前文所说,地球是被太阳的引力吸引着,以平均大约30千米/秒,再准确一些,是29.78千米/秒的速度绕太阳旋转的行星,它绕太阳旋转的一个周期是1年。

绕太阳一周所花费的时间叫作公转周期。公转周期也有几种定义,这里我们是指行星环绕恒星的公转周期。

有无数的天体虽然没有和地球并排同步,但也是和地球一起环绕太阳旋转的。

水星是距离太阳最近、环绕太阳旋转的行星。它的轨道速度也是最快的,平均为47.89千米/秒。公转周期是0.24年,也就是88天左右,差不多3个月。

金星的公转周期约0.62年,即约225天。225天,就是从1月1日到8月13日这样的一段时间。

距离太阳越远,公转周期就越长。火星的公转周期是1.88年,这是接近1年11个月的时间。

木星的公转周期是11.86年,差不多是从一个婴儿变成一个小学六年级学生所经过的时间。

土星是29.58年,一个孩子长大成人的时间。

天王星是84.02年。基本相当于日本人的平均寿命。

海王星是164.77年。从现在(2020年)起算,倒退164.77年,就是公元1856年,那是中国第二次鸦片战争正式爆发的时间。

冥王星是248年。248年前,那是公元1770年,美国独立战争蓄势待发的时候。

在比冥王星运行轨道更远的地方,还有很多公转周期更长的小天体在环绕太阳旋转。到目前为止,在发现的小天体中,公转周期最长的叫作塞德娜,它绕太阳一周需要12300年。距今12300年前,整个世界还处于农耕时代刚刚开始的时候。如果塞德娜人一直在观察地球人的话,应该会对于在这仅仅1塞德娜年里地球人所发生的变化而感到吃惊吧。

【公转周期】

环绕太阳一周花费时间最短的行星是哪个?

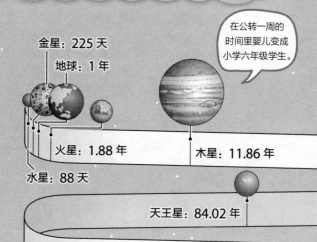

在公转一周的时间里婴儿变成小学六年级学生。

金星：225 天
地球：1 年
火星：1.88 年
木星：11.86 年
水星：88 天
天王星：84.02 年

椭圆轨道

受中心天体的引力吸引而运动的物体，是沿一个椭圆形的轨道行进的。这个椭圆的其中一个焦点在中心天体所处的位置上，所以物体环绕着中心天体忽远忽近地旋转。靠近中心天体时速度会加快，远离时速度会减慢。如此旋转一周所需要的时间就是公转周期。

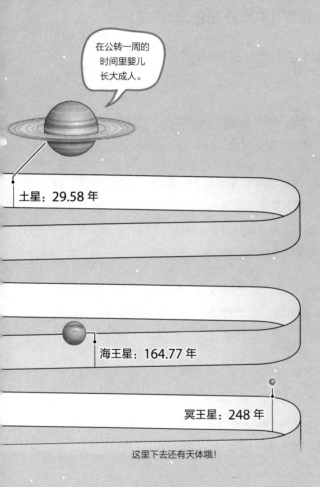

如果把所有的海水汇集起来，可以变成一个直径1400千米的海球？！

【海水的体积】

海洋如此浩瀚，覆盖了地球表面的71.1%。因此也总让人觉得与其称它为地球，倒不如称为海球才更适合些。

不过，地球表面的海水，平均深度只有大约3千米，是非常薄的。就算把所有的海水都汇集到一起，也只有13亿立方千米。如果汇聚成球形的话，直径约为1400千米，开车的话，按走高速的速度，也要走十几个小时。

和地球相比，这个海球的体积是非常小。如果把这个海球拿走的话，地球就会变成一颗完全由沙石组成的行星。

据科学家推测，火星上曾经就发生过这样的事情。大约是在15亿年前，火星上是有过海洋的，但由于海水的蒸发，水分子都逃逸去了外太空，使得火星成了如今这样的沙漠行星，海洋只在其表面的地貌上留下了痕迹。

在整个太阳系中，表面上确认已发现液态水的只有地球。太阳系里的其他行星、卫星、准卫星和小天体等，要么是表面上没有水，要么是水以冰或水蒸气的形态存在，完全不存在浩瀚的海洋。海洋仅仅存在于大气压和温度刚好满足适当条件的天体上，这个条件一旦失去，液态水就没有了。因此，地球上的海洋是个非常稀有的存在。

但是，地底下存在液态水的天体已经确认存在。

比如，土星的卫星——土卫二，它的表面有火山，大量的火山喷发物不断扩散到外太空。这个喷发物的主要成分就是水。就像我们地球内部有熔化的岩石在流动，偶尔会从火山口喷发出去一样，土卫二内部是融化了的冰（也就是水）在流动，有时也会从火山口喷发出去。土卫二是个直径500千米的小天体，所以，即使假设液态水的体积占了它总体积的一半，那么这些水如果聚到一起，也就是个直径400千米的水球，约3400万立方千米。

另外，美国国家航空航天局2013年宣布，在木卫二的表面是冰层，冰层下面是海洋。海水总量约3亿立方千米，相当于一个直径1800千米的水球。

有研究人员认为在这样的地下海里也许存在生命。

【海水的体积】

在地球以外存在水的天体有哪些？

把地球上所有的海水都汇集起来，可以变成一个直径约1400千米的水球。

只有这么点儿。

地球：直径约13000千米

水

水是氢和氧组成的化合物。氢是宇宙中最丰富的元素，氧的含量也很高。所以，水这种物质是充满整个宇宙的。但是要存在液态水，蒸汽压就必须在 0.06 个大气压以上，并且在这个压力条件下，温度必须在水的熔点以上沸点以下才行。似乎能稳定保持住这个条件达数亿年的星球极其稀少。

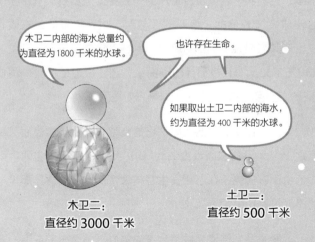

木卫二内部的海水总量约为直径为 1800 千米的水球。

也许存在生命。

如果取出土卫二内部的海水，约为直径为 400 千米的水球。

木卫二：
直径约 3000 千米

土卫二：
直径约 500 千米

宇宙中的最高温度产生于宇宙诞生时的大爆炸!

【宇宙的高温纪录】

水星、金星、地球等行星,都在太阳的照射下熠熠生辉。

我们可能很容易认为表面温度最高的是离太阳最近的水星,但其实,表面温度最高的是金星。金星有大气压强达地球大气92倍的、厚厚的大气层,由此造成的温室效应,使其表面温度高达460℃。用热力学温度表示是大约730开尔文。而且在那样的表面上,还不断有硫酸雨倾泻下来,这样的场景不由让人觉得宛如地狱。

当然,作为热源的太阳,它的温度远在金星的表面温度之上。太阳的表面温度约为6000开尔文,而在它的中心,由于有氢原子在不断发生着核聚变反应,据估算那里的温度约为1500万开尔文。

氢原子发生核聚变后,会变成氦原子。而在宇宙中,这种聚变反应过程更多样化。有氦发生核聚变成为碳的恒星,有碳正发生着核聚变的恒星,还有硅正在发生着聚变反应的恒星等。在这些恒星的中心,根据不同的具体内部环境,有些温度会达到约40亿开尔文。

原子的核聚变反应持续进行,继而渐渐会形成更重的原子,最终成为铁原子。

铁原子非常稳定,要它继续再发生核聚变反应的话,就必须从外部给它添加能量,强行促使它发生核聚变才行。所以,恒星内部通常发生的核聚变反应不会再产生比铁更重的原子。

内部积攒着可以说是核聚变"灰烬"的铁的恒星,温度会更高,甚至到了它的"生命尽头",会发生爆炸。这类恒星就叫作新星,这种爆炸是宇宙中规模最大的爆炸。也有推测说在这些超新星的中心,温度高达100亿开尔文。

虽然也有通过其他机制产生的超新星,但它们的温度恐怕也差不多是这个程度,这就是宇宙中的最高温度。

不过,我们都知道,宇宙在过去发生过更大规模的爆炸,它被称为大爆炸,也就是宇宙诞生时的大爆炸。我们尚不清楚大爆炸时的最高温度,总之,作为大爆炸温度的大致标准,是用称为普朗克温度的温度值来表示的。它等于1.4×10^{32}开尔文。

【宇宙的高温纪录】
太阳表面温度究竟有多少度?

海山二 [4]

太阳系行星中的最高温度。

金星表面
730 开尔文

大质量星体的中心
约 4×10^9 开尔文

10^0 开尔文　　　　　　　　　　10^{10} 开尔文　　　10^{20} 开尔文

太阳中心
约 1.5×10^7 开尔文

太阳表面
6000 开尔文

大爆炸

科学家在观测宇宙深处的遥远星系时,发现它们都正在不断远离我们的银河系。这是认为整个宇宙空间在不停膨胀的宇宙膨胀说的证据。既然说宇宙在持续膨胀,也就意味着过去的宇宙比现在的更小。根据计算,在138亿年前,整个宇宙都集中在一个点上,处于超高温、超大密度的状态。这就是大爆炸。

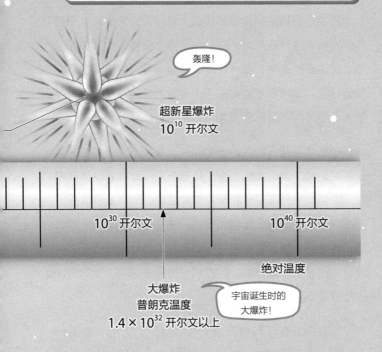

轰隆!

超新星爆炸
10^{10} 开尔文

10^{30} 开尔文

10^{40} 开尔文

绝对温度

大爆炸
普朗克温度
1.4×10^{32} 开尔文以上

宇宙诞生时的大爆炸!

宇宙空间中的温度竟然有 -270℃？！

【宇宙的低温纪录】

宇宙空间里的温度怎么测量？是高温、还是低温呢？

科学家们给空间探测器装载上温度计，发射到太阳光照射不到的运行轨道上，并且为了防止受到诸如无关热源等干扰因素的影响，在进行了充分准备后，再测量宇宙空间的温度。结果温度计指向了一个极其低的温度：2.72开尔文，用摄氏度表示是-270.43℃。

这具体是什么物质的温度呢？这是从天空中黑暗的部分辐射出来的电磁波的温度。虽然夜空中可以看见星星和星系，但如果仔细观察在星星或者星系之间那片看似什么都没有的区域，就会发现那里并非是完全黑暗无光的，而是不断嗡嗡地辐射着微弱的电磁波。这种电磁波的名字很长，叫作宇宙微波背景。这种辐射的温度为2.72开尔文，就是宇宙空间的温度。

如果在远离任何恒星或天体的宇宙空间里，放上一个物体，它的温度也许就会下降到跟宇宙空间温度一样的

2.72开尔文。

冥王星等远离太阳的天体,它们表面的温度虽然没有那么低,不过也冷得足以滴水成冰。

据报告,冥王星表面的温度是40开尔文,即-233℃。

是不是在宇宙空间里的天体或者物体就没法达到比2.72开尔文更低的温度呢?其实科学家们了解到在黑洞里有比这更低的温度。

如同宇宙的深渊般存在的黑洞也并不完全是暗的,它也在辐射着极其微弱的电磁波。所以,可以把这个电磁波的温度看作是黑洞的温度。这就像通过宇宙微波背景能测定到宇宙的温度一样。从由此计算得出的结果发现,质量越大的黑洞,温度越低。这就是不同寻常的黑洞的奇妙性质之一。

在银河系的中心,有个质量是太阳400万倍的超巨型黑洞。测量计算它的温度所得到的结果是1.5×10^{-16}开尔文。这是比人类通过实验装置所制造出来的任何极低温都低的温度。

【宇宙的低温纪录】

黑洞超冷！

银河系内最冷。

太阳质量 400 万倍的
超巨型黑洞
1.5×10^{-16} 开尔文

空间探测器 WMAP 测到的宇宙微波背景，深浅色表示微妙的温度差异[5]

宇宙空间的温度
（宇宙微波背景）
2.72 开尔文

10^{-15} 开尔文　　　　10^{-10} 开尔文

－273.149999999999999 ℃　　　－273.1499999999 ℃

黑体辐射

不透明的物体都不断辐射着与温度相应的电磁波。6000开尔文的太阳表面主要辐射着耀眼的可见光，310开尔文的人体主要辐射着红外线。这种与温度相应的辐射有个稍稍奇特的名字——黑体辐射。通过测定黑体辐射，可以知道物体的温度。从宇宙中放射出来的2.72开尔文的黑体辐射，它是以叫作微波的电磁波为主。宇宙空间里充满了微波。通过对微波进行精密测量，就可以知道宇宙的温度、年龄、构造等信息。

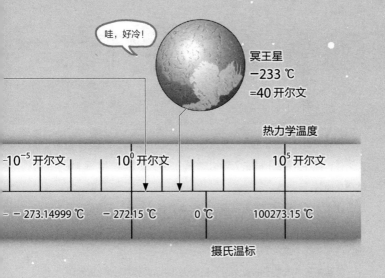

哇，好冷！

冥王星
−233 ℃
=40 开尔文

热力学温度

−10⁻⁵ 开尔文　　　10⁰ 开尔文　　　　　10⁵ 开尔文

− 273.14999 ℃　− 272.15 ℃　　0 ℃　　100273.15 ℃

摄氏温标

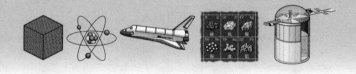

  从微观角度来观察的话，无论是近在身边的物体还是遥远宇宙中的天体，都几乎是由相同的元素构成的，这些元素是种叫作基本粒子的最小微粒。

  在本章中，让我们把近在身边的物体分解成元素，还原成原子或者分子，从而尽可能接近基本粒子的真面目，一起探究基本粒子有几种，以及它的个数究竟有多少。

  其实关于基本粒子的真面目，目前为止我们仍然在持续探索。

不看不知道！

【微观世界】比比看

这个世界上最小的物质是什么?

【分子·原子·基本粒子的尺寸】

让我们先来准备大约30克,即30立方厘米的水(4℃时)。如果把这些水汇集成球形,会是个直径不到4厘米的小水球。在这么小的水球里,就含有10^{24}个,即1兆的1兆倍之多个水分子。

把这个水球平均分成两半,留下一半的水。到这里,水的质量是变化了,但水的性质并没有发生变化。这时水球包含5×10^{23}个水分子。让我们继续把水球的水再对半分,留下一半,质量就只剩7.5克,而其中包含的2.5×10^{23}个水分子。

如此反复把水的质量对半分80次,就会只剩下1个水分子,若再继续分的话,水分子就会被破坏,失去水的性质了。所以,30克的水只能对半分80次。

1个水分子,是由1个氧原子和2个氢原子构成的。可以把这种氧原子和氢原子的组合之间的间隔看作是水分子的大小,大约是0.097纳米,即10^{-10}米。

氧原子是由处于中心位置的原子核以及围绕着它的8个电子构成的。电子的运行轨道和原子核之间的距离也是10^{-10}米,这个就可以看作是氧原子的大小。氧原子的原子核是由8个质子和约8个中子所构成。质子和中子之间的距离是10^{-15}米,这是原子核的大小。

质子和中子是由叫作上夸克和下夸克的粒子构成的。夸克之间的距离也是10^{-15}米,这就是质子和中子的大小。可能有人会问为什么它们和原子核的大小基本一样呢?这是因为这些微观粒子的尺寸很难精密测定,实在是想进一步测量也没有办法做到了。

上夸克、下夸克以及电子就属于无法再继续分解的基本粒子。基本粒子一般被认为是没有大小的,所以是微观世界的最小单位了。

【分子・原子・基本粒子的尺寸】
来对比下极微观世界吧!

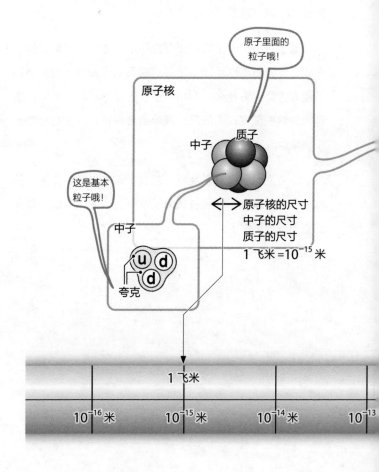

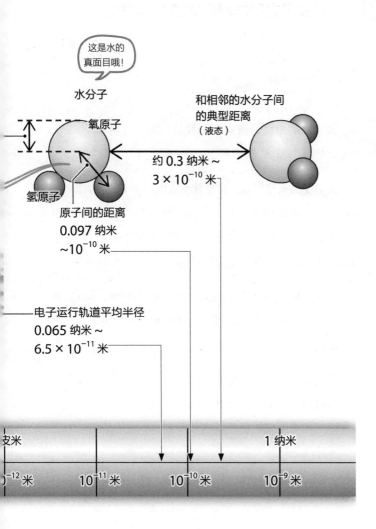

水蒸发了之后体积会增加 1000 倍!

【原子的密度】

关于水的密度,液态时刚好是1克/立方厘米(1个大气压、4℃时)。这差不多是常识了吧。

而水变成水蒸气后,密度就变成0.0008克/立方厘米,也就是原来密度的大约1/1000(0℃、1个大气压)。而如果是在室温环境下,体积会比这稍微再大些。总之,水蒸发了之后,体积会增加大约1000倍。

水蒸气的密度也可以说是0.8千克/立方米,即1立方米的水蒸气,质量就是0.8千克。不知道大家觉得这个密度是大还是小?

让我们来把水蒸气跟空气对比下,哪个密度比较大。空气的密度,在0℃、1个大气压的环境条件下是1.3千克/立方米,和水蒸气的密度基本差不多。不过还是空气的密度比水蒸气的略微大些。

水是水分子的集合物。水分子是氧原子和氢原子的化合物。

空气是氮气、氧气以及少量氩气等稀有气体的集合。氮气分子是由2个氮原子构成，氧气分子由2个氧原子构成，而氩气只有1个氩原子独自飞来飞去。

这里我们来对比下原子本身的密度吧。虽然把水或者空气的密度同原子的密度进行对比，就好像把一个挤满人的房间的密度和人体的密度做对比一样，有些怪怪的，但姑且让我们来试一下吧。

氧原子的大小是10^{-10}米的样子，就把它当作一个半径是这个尺寸的球体来进行计算。氧原子的质量是2.7×10^{-26}千克，所以得出的密度是6443千克/立方米，即6.4克/立方厘米。没想到和水的密度差得也不是很多呢。

其实，原子的质量几乎都集中在处于中心位置的原子核上，所以，原子核的密度大得惊人，达到10^{18}千克/立方米，这数值大得简直无法想象！

【原子的密度】
水、氧原子……对比下原子的密度吧!

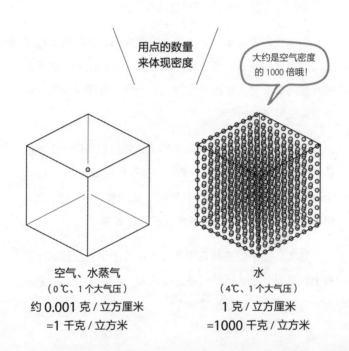

用点的数量来体现密度

大约是空气密度的1000倍哦!

空气、水蒸气
(0℃、1个大气压)
约 0.001 克/立方厘米
=1 千克/立方米

水
(4℃、1个大气压)
1 克/立方厘米
=1000 千克/立方米

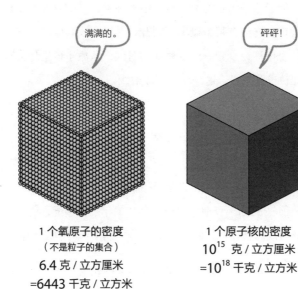

半衰期 20 秒的原子核、半衰期 45 亿年的原子核

【半衰期】

处于原子中心的原子核有很多种类,其中有些原子核不稳定,它会在某个概率下裂开,然后变成其他原子核。这种变化称为衰变。而且衰变的时候,从原子核里还会有其他粒子跑出去,这个现象叫放射线。

比如说,有一种叫作铀-238的原子核,把这种原子核聚集起来的话,会发生衰变,这个过程经过45亿年后,当初的原子核总数会减少一半。原子核半数发生衰变所花费的时间叫作半衰期,它是原子核稳定性的标准。很巧的是,铀-238的半衰期和地球46亿年的年龄很接近,所以,地球形成时就存在的铀-238,如今只剩下当时的一半了。

铀,是被用作玻璃的原料等用途的元素。开采出的铀矿石,经过提炼,得到的铀中就含有大量铀-238的原子核。它们中的有些会立刻放射出放射线发生衰变,而另一些则会经过几亿年后才突然衰变。

还有一种原子核，它什么时候会衰变完全取决于概率，无法进行预测，并会从含有铀-238的铀里永无止境地放射出放射线。像这种放射出放射线的能力叫作放射性。铀就具有放射性。

在各类原子核中还有更不稳定、半衰期更短的原子核。例如铯-137的半衰期是30年，碘-131的是8.02天。如果这类原子核因为某些原因被大量排放出来、污染了环境的话，要等它放射性变弱往往需要几倍于半衰期的时间。而且，这两种元素易溶于水，容易被生物吸收，一旦泄漏，非常麻烦。

另外，还有半衰期比以上两种还要短的原子核。比如，鿔-286，它的半衰期只有20秒。世界上第一个鿔原子核是在日本理化学研究所合成制造出来的。即使让实验装置运行很长时间，也只能合成仅仅几个鿔原子核。由于它的这种性质，在此时此刻的一瞬间，地球上1个鿔原子核都不存在。

【半衰期】

地球形成就存在的铀-238的"近况"。

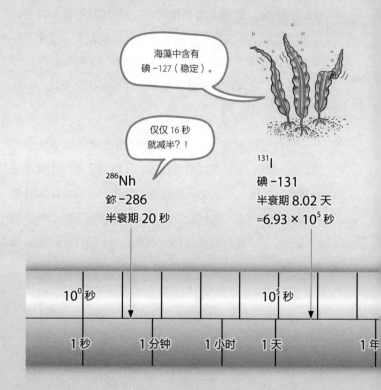

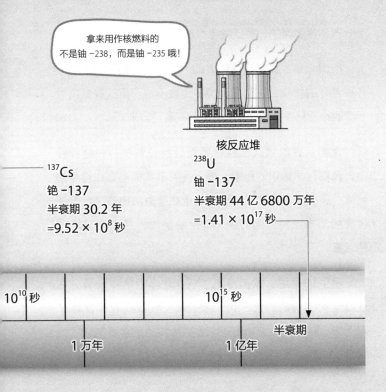

我们的世界是由118个元素组合起来的

【已发现的元素数量】

既然说了原子,顺便就也来聊下元素吧。

所谓元素,就是组成物质的"原料"。世界上充满了各种各样的物质,它们的种类多到数不清。但这些数也数不清的物质只需要几种元素就全部能制造出来。

人类从古时候就已经在到处寻找元素了。在这过程中,随着化学知识的积累,终于找到了几种一直在搜寻的元素,还发现了有些从古至今、近在身边的物质,是无法合成的基本原料。人们最早发现的是铁、铜、碳等共10种元素。

到了16世纪,欧洲诞生了叫作化学的学科分类。在进行化学实验的时候,化学家们从空气或矿石中发现了新元素。16世纪的100年间,人类所知的元素增加到了约30种。

从那以后，人类所发现的元素种类不断增加，截止到2019年，总共发现了118种元素。以后也许还会发现其他新的元素。

下面的图给大家展示了到目前为止已发现元素的数量增长趋势图。虽然16世纪以前进度极其缓慢，但从那之后数量急剧增加。

17世纪时，原子论被发表。人们知道了物质是由叫作原子的微粒集合而成的，每一种元素都对应一种原子。由此人类才正确理解什么才是元素。发现新元素，也就意味着发现了新种类的原子。

到17世纪末，已发现了约80种元素。

在18世纪，正当所有天然元素都快被找出来了的时候，人类做出了一个惊人的举动，人工创造出了自然界不存在的原子。科学家们使用了一种叫作粒子加速器的装置，通过让原子之间相互发生碰撞的方法，产生了新的原子核。

现在，通过使用人工合成的技术，发现新元素已经不是新鲜事了。

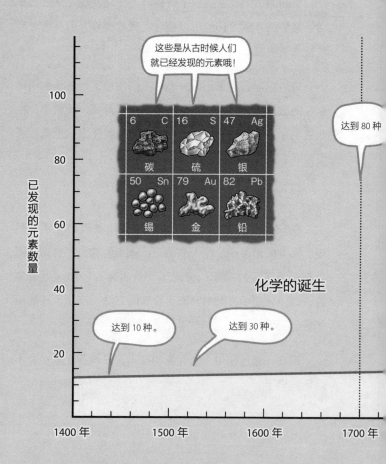

从质量上来对比，人体内80%是氧和碳？！

【元素的存在比例·人体】

原子结合起来组成分子，分子集合起来，就构成了我们的身体。

人体内集合的原子种类和数量到底有多少呢？如果从原子数量上来对比的话，氢原子的数量占了压倒性的优势，所以我们就从质量上来对比看看吧。

占人体体重比例最大的是氧原子。体重50千克的人体中，氧原子占了65%，有32.5千克。之所以会这样，是因为人体有一大半是水构成的，而氧原子的质量占了水分子质量的一大半。以下也都是以体重50千克的人体为前提。

质量占比第二大的是碳，50千克的人体中含有9千克的碳，占了18%。脂肪、蛋白质等构成人体的物质里都有碳。碳原子最多可以有4个原子和其他原子结合到一起，它们就像黏合剂，或者玩具积木一样，能用来组成各种形状的分子。生命体先用碳组成蛋白质、脂肪等拥有复杂形状和机能的分子后，再利用它们维持生命活动。

氢占10%的体重，有5千克。对于生命来说，氢也是和氧、碳一样重要的元素，不过因为它单个原子的质量小，所以用质量来对比时，就排到了第三位。

第四位是氮。在人体内，氮主要是蛋白质的原材料。占体重的3%，有1.5千克。

第五位是钙，骨骼的原材料。占体重的1.5%，有750克。

第六位是磷，记录遗传信息的DNA分子以及储存能量的ATP分子等都需要它。占体重的1%，有500克。

把第一位的氧到第六位的磷合到一起，就能解释体重50千克中的49.25千克，98.5%人体质量的来源。

比以上这些所占质量比例更少的元素，也不能说是可有可无，因为虽然只占极少量，但有好几种元素对生命来说是不可缺少的。

比如硒。它在50千克的人体中只含有9毫克，仅占体重的0.000017%，但如果人体内缺少硒元素的话，会引起发育不良、心功能不全等问题。

【元素的存在比例·人体】

我们的身体是由什么原子构成的？

排位		比例	50千克体重中含
第1名	O 氧	65%	32.5千克
第2名	C 碳	18%	9.0千克
第3名	H 氢	10%	5.0千克
第4名	N 氮	3.0%	1.5千克
第5名	Ca 钙	1.5%	750克
第6名	P 磷	1.0%	500克
⋮		⋮	⋮
第28名	Se 硒	1.7×10^{-5}%	9毫克

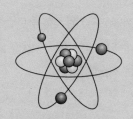

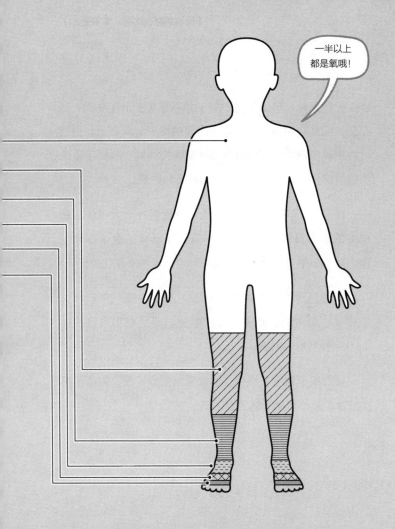

宇宙中占98%的元素是氢和氦!

【元素的存在比例·宇宙空间】

无数飘浮在宇宙空间的原子并不是从宇宙初期就一直存在,而是在宇宙初期到现在之间的某个时间点上,由某种物理现象产生,随即被释放到宇宙空间的。根据宇宙的历史能解释宇宙中存在的原子的种类和数量。

在138亿年前,宇宙因为大爆炸而诞生。大爆炸最初产生的超高温和超大密度几乎毁掉了所有的原子、原子核、质子和中子。所以,在那种环境下根本不存在原子。

然而,随着宇宙的高速膨胀,温度急剧下降,产生了质子。氢可能就是在这时产生的。这是在宇宙诞生的0.0001秒后发生的事。

接着质子和中子结合,形成了氘的原子核,氘原子再次结合,最终产生了氦的原子核。

由此产生的氢原子和氦原子，占了存在于宇宙中的原子的大多数。它们的质量比（有些相关论文中的预估值也许有小小的差异），氢占了77%，氦占了21%，两者加起来共占了98%。

飘浮在宇宙中的氢等气体，有时会因万有引力而聚集到一起形成恒星。恒星中心的温度极高，密度极大，进而使恒星内部的原子核之间结合，发生核聚变反应。于是氢变成氦，氦变成碳、氧、氖等较重的原子，如此逐步反应，直到生成铁，它是在核聚变反应中最终产生的元素。

恒星内部生成的原子会形成风从恒星中释放到宇宙空间里，或者在恒星发生超新星爆炸时飞散出来，流落到宇宙空间。在超新星爆炸时的高温、高密度的环境里，又会合成重原子核。

如上所述，靠恒星的作用来合成元素的最终结果，是使宇宙空间气体成分中，氧占了0.83%、碳占了0.34%、氖占了0.16%、氮占了0.13%、铁占了0.12%。其他元素所占的成分比例更小。

【元素的存在比例·宇宙空间】
宇宙是由什么原子构成的?

氢和氦是
因大爆炸产生的

H 氢 77%

大爆炸之外是什么样的？

自138亿年前的大爆炸以来，宇宙一直在持续膨胀。不只是星系等天体之间的距离在扩大，承载着这些天体的空间本身也在膨胀。大爆炸发生前的一刻，并不只是宇宙中存在的所有物质都集中到一个地方，而是连同空间本身也聚集在一个点上。因此不存在宇宙空间之外这一空间概念，不可能从外部观察大爆炸。大爆炸之前是被认为没有空间也没有时间的。

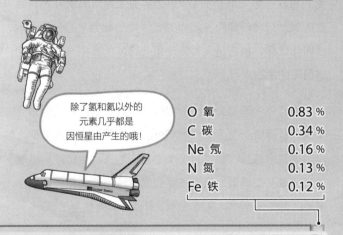

除了氢和氦以外的元素几乎都是因恒星由产生的哦！

O 氧	0.83%
C 碳	0.34%
Ne 氖	0.16%
N 氮	0.13%
Fe 铁	0.12%

He 氦 21%

不看不知道！【微观世界】比比看

48 地球是由生锈的金属构成的!

【元素的存在比例·地球】

宇宙空间是真空的,到处都飘浮着原子。不过,原子的数量在1立方厘米的空间里,只有1~2个,可以说非常寂寞。而其中绝大部分都是138亿年前大爆炸时就开始飘浮着的氢。这种以氢为主组成的气体物质称为星际气体。虽然叫作气体,但它是人类无论用什么样的真空泵都没法制造出来的超高真空。

该气体中偶尔会有比较浓稠的部分,这部分的引力会变强,从而吸引更多周围的气体。于是气体越来越浓稠、引力也越来越强,密度和温度也越来越高。当密度和温度一旦超过了临界值,氢原子就会发生核聚变,使气体发出耀眼的光芒。至此,这团气体就可以称其为恒星了。

恒星形成的时候,有一部分气体不会被恒星吸收,而是在它周围环绕着它旋转,变成较小的块状物,这就是行星。

在行星中,有些因为没能顺利聚集到氢和氦,而是聚集到被剩下了的重元素,这样的行星就成为岩质行星。在我们的太阳系里,水星、金星、地球和火星就是这种行星。

在构成地球的原子中,含量最多的是铁原子。质量占了大概1/3。应该可以说地球就是个铁球。

这些铁主要都是在过去超新星爆发的时候被合成的。在因核聚变反应引发的热失控型超新星爆发中,如同地狱之火般的高温使原子发生核聚变,合成出大量的铁,并撒向了宇宙空间。

含量排在铁后面的是氧原子,大约占了1/4。几乎所有的氧都是以和铁等金属的化合物的形式存在的。所以,说地球是由生锈了的金属构成的话,基本也没什么问题。

这些氧也主要是在超新星爆发时被合成的,产生出氧的是因质量巨大的星体被自身引力压垮而触发的核心坍缩型超新星爆发。

所以,不论是构成地球还是构成我们身体的元素都是在遥远的过去,由银河系某处发生的超新星爆发合成的。

【元素的存在比例·地球】

地球是重元素聚集成的岩质行星

钙 Ca 0.6%
铝 Al 0.4%
其他 0.6%

硫 S 2.7%
镍 Ni 2.7%

由核心坍缩型超新星爆发形成的

爆炸的残骸呈环状并发着光！

硅 Si 13%

镁 Mg 17%

核心坍缩型超新星 SN1987A，2003 年用哈勃空间望远镜拍摄的照片[6]

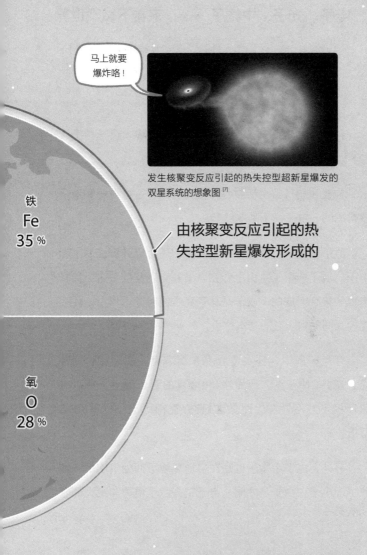

马上就要爆炸咯!

发生核聚变反应引起的热失控型超新星爆发的双星系统的想象图[7]

铁
Fe
35%

由核聚变反应引起的热失控型新星爆发形成的

氧
O
28%

电子、光子、中微子……，来看下微观世界

【基本粒子的质量】

到2019年为止，已经确认发现了的基本粒子种类有17种。

构成我们日常生活中各种物质的原子是由电子和原子核构成的。电子属于基本粒子。

原子核并不是基本粒子，因为它还可以分解成质子和中子。质子和中子是由上夸克、下夸克以及胶子这三种基本粒子集合而成的。胶子是在夸克之间起胶水作用，使夸克相互间黏到一起的基本粒子。

夸克一族中，还有奇夸克、粲夸克、底夸克和顶夸克，总共6种夸克。因为这4种夸克的寿命很短，所以普通环境下并不存在。而且这4种夸克都比上夸克重50~8万倍。

另外，电子中微子也是在普通环境下四处飞旋的基本粒子。电子中微子是如同从电子中去除了电荷和绝大部分

质量的粒子，而且非常难和其他物质发生反应，所以它可以不与物质发生作用直接穿过该物质。此刻，就有无数的电子中微子穿过我们的身体。虽然没法精确测量电子中微子的质量，不过据推测它的质量应该比电子质量的十万分之一还小。

电子和电子中微子是像兄弟一样的一对基本粒子。其他也有像这样成对的基本粒子，如μ子和μ子中微子、τ子和τ子中微子等。到这里已经介绍了总共13种基本粒子了。

另外，光子也属于基本粒子。当我们看着光的时候，会有大量叫作光子的基本粒子飞进我们的眼睛。

光子和胶子都是静止质量为0的基本粒子。因为这种粒子其实没法静止，它们从被产生的一瞬间到被某处吸收，都一直以光速全力飞奔着。

像胶子一样，在基本粒子之间传递力的作用的基本粒子，还有W玻色子和Z玻色子等。

希格斯玻色子是最近刚发现的基本粒子。它的质量好像比上夸克稍微小一点。

【基本粒子的质量】
来比较下基本粒子的质量吧

γ 光子
静止质量 0

g 胶子
静止质量 0

轻子（电子家族）

电子
中微子
质量不明
v_e

μ子
中微子
质量不明
v_μ

10^0 电子伏特 10^5 电

10^{-35} 千克

基本粒子被某些粒子探测器探测到的一瞬，就属于被发现了哦！

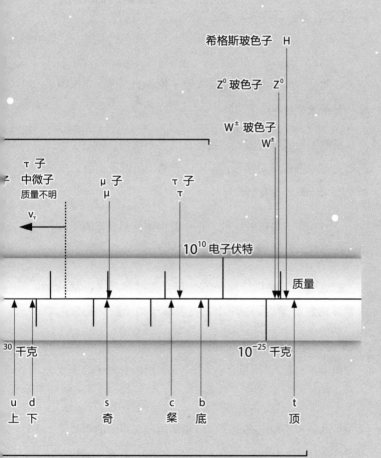

宇宙中究竟有多少个基本粒子?

【基本粒子的数量】

既然说世间万物都是由基本粒子构成的,那么宇宙中总共有多少个基本粒子呢?

虽然宇宙实际有多大,到现在谁也不清楚,但是宇宙的理论可观测范围是半径约460亿光年,所以我们就以这个范围来计算下看看吧。

如其他章节里所叙述的,在宇宙中到处都飘浮着的可见物质,其中77%是氢,21%是氦。

把这些全部换算成原子的个数,在可观测宇宙范围内飘浮的氢原子达到10^{80}个,而氦原子的个数约是它的1/10。

由于1个氢原子中只含有1个电子,所以,电子的个数大约是10^{80}个。

虽然氦原子中也有电子,但粗略地说,电子的个数差不多也是10^{80}个。

10^{80}个,就是在1后面排列着80个0,所以这个数字实际看起来是这样的:100000000000000000000000000000000000000000000000000000000000000000000000000000000个。真是一串让人看得头晕目眩的数字!

氢原子的原子核是质子。质子是由2个叫作上夸克的基本粒子和1个叫作下夸克的基本粒子构成的,所以上夸克的个数是$2×10^{80}$个。而下夸克在氢原子中有1个,在氦原子中含有6个,所以总共有$1.6×10^{80}$个。

宇宙中有种叫作微波的电磁波在交织穿行。把它换算成光子数量,是$1.5×10^{83}$个。

无论是和电子还是夸克相比,光子的数量比它们都要多。

已经找到了的基本粒子有17种,那么其余未被发现的基本粒子的数量是多少呢?

其实即使是已知的基本粒子,比如胶子,由于它在原子核中不断地生灭,所以无法确定它的数量。而像这种无法确定数量的粒子,除了胶子,还有W玻色子、Z玻色子和希格斯玻色子。并且更难办的是,科学家们发现这个宇宙中还含有大量的、不清楚其本质的、被称为暗物质的物质存在。如果逐步弄清了暗物质的本质,我们眼下所掌握的基本粒子的分布图恐怕会发生颠覆性的变化。

【基本粒子的数量】

基本粒子的数量多得难以执行

※ 此处列举的数值只是估算，因估算方法不同，也许会产生几位数的偏差。

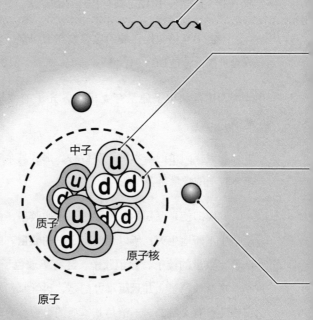

中子
质子
原子核
原子

―――― 光子
1.5 × 10^{83} 个
= 1.5 ×100000000000000000000000000000000000
000000000000000000000000000000000000
000000000000 个

―――― 上夸克
2 × 10^{80} 个
= 2×100000000000000000000000000000000000
0000000000000000000000000000000000000
00000000 个

―――― 下夸克
1.6 × 10^{80} 个
= 1.5 ×100000000000000000000000000000000000
0000000000000000000000000000000000000
000000000 个

―――― 电子
10^{80} 个
= 10000000000000000000000000000000000000
0000000000000000000000000000000000000
000000 个

不看不知道！【微观世界】比比看

图片来源

[1] 阿波罗15号服务舱（与创下速度纪录的阿波罗10号同一机型），来源于美国国家航空航天局（NASA）。

[2] 来源于美国国家航空航天局/加州理工学院喷气推进实验室（NASA/JPL-Caltech）。

[3] 木星探测器"朱诺号"73.6千米/秒（与木星间的相对速度，最大值），来源于美国国家航空航天局/喷气推进实验室（NASA/JPL）。

[4] 海山二，来源于美国国家航空航天局、欧洲航天局和哈勃SM4 ERO小组（NASA, ESA, and the Hubble SM4 ERO Team）。

[5] 空间探测器WMAP测到的宇宙微波背景，深浅色表示微妙的温度差异，来源于美国国家航空航天局（NASA）。

[6] 核心坍缩型超新星SN1987A，2003年用哈勃空间望远镜拍摄的照片，来源于P·查利斯，R·基什纳（CIA）和B·苏格曼（STScI），美国国家航空航天局（NASA）。

[7] 发生核聚变反应引起的热失控型超新星爆发的双星系统的想象，来源于美国国家航空航天局/加州理工学院喷气推进实验室（NASA/JPL-Caltech）。